DER PAPA RATGEBER

VATER WERDEN FÜR BEGINNER!

ISBN: 9798360100867

Inhaltsverzeichnis

Vorwort

„Wir sind schwanger!“

Fangen wir direkt beim wichtigsten Fakt an: „Ohne Vater geht es nicht.“ Egal, wie die Vaterschaft für Dich aussehen mag, egal, welche Empfindungen Du in diesem Moment hast – eines solltest Du Dir vor Augen führen: Jetzt beginnt die aufregendste Zeit Deines Lebens. Denn Vater zu sein, ist eine Reise voller magischer Momente. Vieles beginnt mit dem Satz: „Wir sind schwanger!“

Herzlichen Glückwunsch.

Dieser Ratgeber wird Dein bester Freund werden und Dich über die Schwangerschaft hinweg begleiten. In diesem Werk geht es nicht ausschließlich um die werdende Mutter, sondern um Dich als werdenden Vater. In den Kapiteln findest Du viele hilfreiche Informationen – vom ersten Schwangerschaftstest bis hin zum ersten Fläschchen.

Natürlich bringt ein Kind Veränderungen im Leben mit sich. Doch glaube mir, auch wenn Du schlaflose Nächte haben wirst, so ist die Vaterschaft von vielen Glücksmomenten geprägt.

Bevor es aktiv um die Schwangerschaft und das Vatersein geht, möchte ich einige Worte an Dich richten, die sich um die ersten Gefühle und Emotionen drehen, die nun auf Dich einprasseln. Wenn Du die Vorfreude schon hinter Dir hast, dann blättere doch zum informativen Teil (Kapitel 1) weiter. Wenn Du noch nicht weißt, wie Du mit Deinen Emotionen umgehen sollst, dann bleib dran.

Bist Du bereit für das Abenteuer „Vatersein“? Dann freue ich mich schon jetzt auf Dein Feedback zu diesem Ratgeber und wünsche Dir für die nächsten Monate alles Gute. Hinterlasse dazu einfach eine Rezension.

Okay – lass uns keine Zeit verlieren. Denn in spätestens neun Monaten wird sich Dein Leben komplett verändern!

Ich werde Vater – zwei kleine Striche, die Dein Leben auf den Kopf stellen

Ist der Schwangerschaftstest positiv, verfallen Frauen in eine Art Gefühlshoch. Sie sind sofort Feuer und Flamme. Die gute Nachricht wird direkt in die Welt hinausgetragen. Wir Männer empfinden in diesem Moment vor allem Stolz. Denn eine Schwangerschaft bedeutet auch, dass wir fruchtbar sind und somit den „Sinn des Lebens", den wir alle in uns tragen, erfüllen. Erst ein wenig später beginnen wir zu begreifen, dass eine Schwangerschaft auch eine Veränderung des Lebens bedeutet.

Aus Stolz und Freude wird oftmals Angst und Panik. Egal, ob eine gewollte Schwangerschaft oder ein kleines überraschendes Wunder – die Erkenntnis reißt den meisten Männern den Boden unter den Füßen weg. Es ist vollkommen normal, dass Du verschiedene Gefühlsschwankungen durchlebst, denn Du beginnst zu verstehen, dass Du nun ein Leben lang für einen anderen Menschen verantwortlich sein wirst.

Freude und Bedenken sind größtenteils die ersten Emotionen, die wir verspüren, wenn der Schwangerschaftstest positiv war. Natürlich bricht nicht jeder Mann in Jubel aus. Welches Gefühl überwiegt, hängt immer vom momentanen Lebensumstand ab. Stehst Du beispielsweise gerade am Anfang Deiner Karriere, wird das dominierende Gefühl bei Dir vermutlich Bedenken sein. Stehst Du mit beiden Beinen schon fest im Leben, dann kommt vielleicht die Freude als Erstes durch. Doch eines kann ich Dir versichern: Je weiter Du in diesem

Buch vorankommst und je mehr Informationen Du erfasst, desto realer wird die baldige Veränderung in Deinem Leben.

Und Du wirst Dich darauf freuen.

Bei jedem dauert es unterschiedlich lange, bis man die Information, dass die Partnerin schwanger ist, verarbeitet hat. Oftmals begleitet uns eine Art Ungewissheit und Unglaube. Es ist für uns sehr schwer vorstellbar, dass in dem Körper der Partnerin ein Lebewesen heranwächst. Deswegen verspüren viele Männer anfangs auch ein gewisses Desinteresse an der Schwangerschaft. Anders als bei Frauen sind Männer nicht körperlich mit der Schwangerschaft verbunden.

Deswegen brauchen wir oftmals auch länger, um die neue Information zu verarbeiten. Es ist nicht selten, dass wir Gefühlskonflikte in diesem Zusammenhang entwickeln. Da Du die Schwangerschaft nicht körperlich erlebst, entsteht die feste Bindung zum eigenen Kind erst später. Und so können Freude, Angst, Unglaube und Unbehagen einen Emotionscocktail bilden, der Dich überfordert.

Egal, welche Emotionen Du verspürst, nimm diese Gefühle an und, was noch wichtiger ist, verstecke diese nicht. Von Frauenärzten und auch Hebammen wird empfohlen, über seine Gefühle zu sprechen. Scheue Dich deshalb auch als Mann nicht, Deine Emotionen und Bedenken Deiner Partnerin gegenüber zu offenbaren.

„Ich fühle mich überfordert“ – Woher diese Gedanken kommen

„Vater werden ist nicht schwer, Vater sein hingegen sehr.“ Dieses Sprichwort, welches in der Gesellschaft nur zu gerne verwendet wird, symbolisiert, dass es Väter nicht ganz so schwer haben wie Mütter. Ich möchte Dir dazu meine eigene Meinung sagen:

Vergiss diesen Spruch ganz schnell. Auch Väter tragen ihren Rucksack voller Sorgen und Ängste. Die einzelnen Elternteile gehen nicht allein durch die Schwangerschaft und die spätere Erziehung, sondern sie sind ein Team und im besten Falle ein Dream-Team.

Ich möchte Dich gerne mit diesem Gedanken in die Schwangerschaft und spätere Erziehung Deines Kindes schicken. Das alles schließt eine Überforderung nicht aus. Väter können ebenso an ihre Grenzen gelangen wie Mütter oder Großeltern. Selbst gestandene Männer wie George Clooney hat es aus den Schuhen gehauen, als ihre Kinder geboren wurden. Schon vor der Geburt war der Filmstar laut eigener Aussage sehr aufgeregt – und zwar so sehr, dass nach der Geburt für ihn eine gesundheitliche Auszeit angesagt war. Doch wie kann das sein, dass es uns so ergeht?

Dazu gibt es eine ganz einfache psychologische Erklärung: Wir Männer befassen uns nur theoretisch mit der Geburt und auch nur in der Theorie mit dem neuen Leben, welches danach auf uns einprasselt. Neun Monate lang ist die Schwangerschaft am Rande vorhanden. Da wir selber nicht schwanger sein können, nehmen wir das neue Leben auch „nur“ am Rande wahr. Erst wenn das Kind wirklich geboren wurde, ist es für viele von uns real. In diesem Moment ist die bevorstehende Veränderung echt.

Dieses Ereignis kann einen Mann durchaus überfordern. Wochenbettdepressionen bei Müttern sind bekannt, dass aber auch wir unter einem ähnlichen „Problem“ leiden können, ist in der Gesellschaft vollkommen unbekannt. Rund fünf bis zehn Prozent der Männer rutschen nach der Geburt in ein Tief, berichtet der Bundesverband Deutscher Psychiater (BVDP). Väter schlafen schlechter, sind gereizt und fühlen sich manchmal innerlich leer. Nur wenige von uns sind in der Lage, diese Gefühle auszudrücken, weshalb sie lieber versteckt und unterdrückt werden. Die gerade beschriebenen Anzeichen und Symptome, die natürlich bei jedem von uns unterschiedlich ausfallen können, zeigen eine Überforderung. Ich möchte Dir mit diesem Kapitel keine Angst machen, sondern Dir vor Augen führen, dass es vollkommen normal ist, solche Emotionen zu empfinden.

Doch woher kommen diese Emotionen, woher kommt die Überforderung? Der Prozess beginnt bei sehr vielen von uns schon während der Schwangerschaft. Frauen schweben auf einem Hoch an Emotionen und Hormonen, wenn sie erfahren, dass eine Schwangerschaft besteht. Sofort fordern die Partnerinnen hundert Prozent Loyalität und Solidarität. Den meisten Männern wird jedoch mit Bekanntgabe der Schwangerschaft flau im Magen und sie haben die schlagartige Erkenntnis, dass sich ihr Leben verändern wird. Als Mann ist man nun für ein Kind verantwortlich. Diese Angst zeigen die wenigsten von uns. Denn von vielen Herren wird etwas ganz anderes erwartet: Wir haben uns, wenn es nach der Außenwelt geht, wie verrückt zu freuen. Alle anderen Emotionen und Gefühlsregungen, seien es Angst, Taubheit oder Panik, werden nicht akzeptiert. Genau diese Tatsache kann viele überfordern.

Die häufigste Ursache einer Überforderung ist also das Unterdrücken gewisser Emotionen. Die Erwartungshaltung der Partnerin und der Gesellschaft sorgt dafür, dass wir nicht mehr wissen, wie wir mit unseren Gefühlen umgehen sollen. Hinzu kommt die Angst, dass man „versagt“. Gleichzeitig entsteht eine gewisse Wehmut, denn viele von uns vermuten, dass ein Kind uns die „Freiheit“ nimmt. Das alles, was ich bis hierhin beschrieben habe, hat nichts mit einer Abneigung gegen Kinder zu tun. Es ist schlicht und ergreifend die Angst, dass sich nun das ganze Leben verändert. Jeder Vater verlässt seine Komfortzone und das kann durchaus eine Überforderung hervorrufen.

Was kannst Du aktiv tun, um die Überforderung vor der Geburt des eigenen Kindes zu bewältigen? Wichtig ist, dass Du mit Deiner Partnerin gemeinsam über die Empfindungen und Gefühle sprichst. Es ist enorm wichtig, seine Ängste auszusprechen, damit eine Überforderung nicht zum Alltag wird. Nur wenn Deine Partnerin Deine Gedanken und Befürchtungen kennt, ist es möglich, daran zu arbeiten. Die Kommunikation zwischen den Partnern sollte also unbedingt intakt sein. Es ist zusätzlich empfehlenswert, sich mit Vaterschaftsgruppen zu befassen. Diese kannst Du beispielsweise in den sozialen Medien finden.

Wichtiger Fakt: *Ich möchte Dir an dieser Stelle noch einen wichtigen Fakt mit auf den Weg geben. Lenke Deine Aufmerksamkeit kurz auf diesen, bevor Du die nächsten Kapitel erforschst. Wusstest Du, dass auch Männer schwanger sein können? Natürlich können wir keine Babys bekommen, trotzdem ist es wissenschaftlich bewiesen, dass auch wir schwanger sein können. Die Wissenschaft weiß, dass sehr viele werdende Väter typische Schwangerschaftssymptome zeigen, während die Frau schwanger ist. Jeder vierte bis fünfte werdende Vater entwickelt beispielsweise Symptome wie morgendliche Übelkeit, Kopfschmerzen oder Sodbrennen. Auch eine Gewichtszunahme kann durchaus sichtbar werden. Alles ein Mythos? Nein, denn für das Phänomen „Schwangerer Mann“ gibt es wissenschaftliche Untermauerungen und sogar eine Bezeichnung: Couvade-Syndrom. Warum wir nun an diesem Phänomen leiden, lässt sich hormonell erklären: Auslöser für Stimmungsschwankungen und Kopfschmerzen oder Morgenübelkeit sind Sexuallockstoffe, welche Deine Partnerin ausströmt. Diese bewirken, dass der Spiegel des Hormons Prolaktin in unserem Blut ansteigt. Auch das Stresshormon wird sich steigern und so kommt es zu einer hormonellen Schwankung.*

Kapitel 1: Die Schwangerschaft

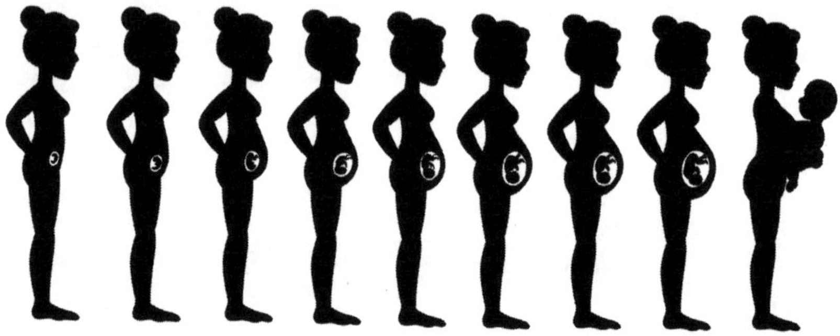

Ist das erste Bauchkribbeln verflogen, die erste Aufregung verpufft, dann kannst Du Dich nun in diesem Kapitel mit dem Thema „Schwangerschaft“ befassen. In den nachfolgenden Kapiteln nehme ich Dich mit durch die Schwangerschaft Deiner Partnerin. Medizinisch gesehen wird eine Schwangerschaft in drei Abschnitte eingeteilt, welche als Trimester bezeichnet werden. Durch diese einzelnen Trimester werde ich Dich nun führen.

Vielleicht fragst Du Dich, warum ich so intensiv auf diese nächsten Kapitel eingehe. Ich möchte Dir meinen Beweggrund gerne vermitteln: Als Väter können wir nur einen gewissen Teil der Schwangerschaft miterleben. Unsere Partnerinnen nehmen die Schwangerschaft körperlich und emotional wahr. Wir hingegen können diese

Empfindungen nicht miterleben. Deswegen möchte ich Dir vermitteln, was in diesen drei Trimestern alles passiert. Bist Du bereit? Dann lass uns gemeinsam mit dem ersten Trimester beginnen.

Wichtiger Fakt: *Eine Schwangerschaft dauert 40 Wochen, gerechnet von der letzten Periode bis zur Geburt Deines Kindes. Die Abkürzung für Schwangerschaftswochen ist „SSW“.*

1.1 Erstes Trimester

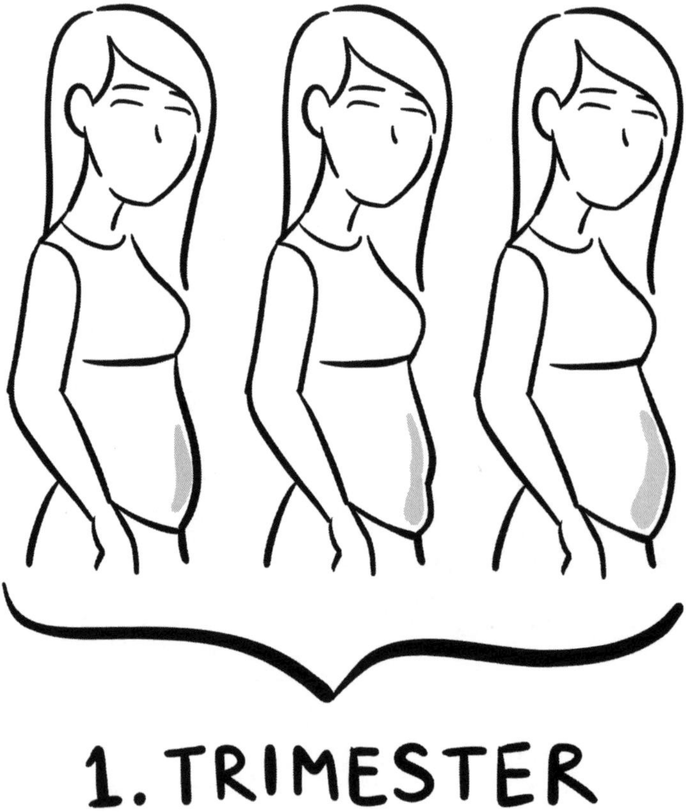

Das erste Trimester wird als Frühschwangerschaft beschrieben und umfasst 12 Wochen. In diesem Zeitraum wird aus der befruchteten Eizelle ein Embryo. Bis zur 13. SSW, die dann auch in das zweite Trimester übergeht, entwickelt sich der Embryo zu einem Fötus.

Was passiert im Körper der Frau?

Ob eine Schwangerschaft besteht oder nicht, bemerken die meisten Frauen recht spät. Medizinisch spricht man in der 1. SSW nicht von einer Schwangerschaft, denn Deine Partnerin wird weiterhin ihre Regelblutung erfahren. Trotz dieses Umstandes schafft es der weibliche Körper, in diesem Rahmen alle Voraussetzungen zu schaffen, um eine potenzielle Schwangerschaft zu gewährleisten.

Wichtiger Fakt: *Frauen, die eine geplante Schwangerschaft herbeisehnen, sollten nun beginnen, auf Schadstoffe zu verzichten. Vor allem Alkohol, Nikotin und andere schädliche Substanzen sind weniger optimal für eine gesunde Schwangerschaft.*

Auch in der 2. SSW gelten Frauen noch nicht als schwanger. Der Körper Deiner Partnerin ist nun damit beschäftigt, alles für eine gesunde Schwangerschaft vorzubereiten. Das heißt, die Gebärmutterschleimhaut wird aufgebaut und die Vorbereitungen für einen Eisprung laufen auf Hochtouren. Die meisten Frauen kennen diese Abläufe, die jeden Monat nach dem gleichen Schema funktionieren. Sobald der Eisprung erfolgt ist, begibt sich die Eizelle durch den Eileiter. Die Befruchtung der Eizelle erfolgt also in der 2. SSW, spätestens jedoch zu Beginn der 3. SSW.

Wie genau das funktioniert, muss ich Dir sicherlich nicht erläutern. Jedoch sind die bisherigen Informationen enorm wichtig, um zu verstehen, wie eine gesamte Schwangerschaft verläuft.

Zu Beginn der 3. SSW beginnt nun die eigentliche Schwangerschaft. Durch die Verschmelzung der weiblichen und männlichen Erbanlagen entsteht ein einzigartiger Gen-Code, der neues Leben ermöglicht. Zu diesem Zeitpunkt kann man Euch bereits gratulieren, denn der Grundstein für ein neues Leben ist gelegt. Sobald eine Eizelle befruchtet wurde, beginnt der Körper der Frau damit, das Gelbkörperhormon Progesteron zu produzieren, um den Aufbau der Gebärmutterschleimhaut zu optimieren. Dieser Prozess ist enorm wichtig, damit sich die Eizelle später dort einnisten kann.

Wichtiger Fakt: *War die Schwangerschaft geplant, dann sollte Deine Partnerin nun beginnen, Folsäure (Vitamin B9 und B11) zu nehmen. Diese ist besonders wichtig für eine gesunde Organentwicklung Deines Kindes.*

Ab der 3. SSW beginnen sehr viele Veränderungen. Für Dein Kind beginnt nun die Entwicklung zum Embryo. Während dieser Zeit beginnt auch der Körper Deiner Partnerin sich zu verändern, auch wenn man diese Veränderung optisch noch nicht sehen kann. Aus dem sogenannten Trophoblasten entwickelt sich in der 3. SSW die Plazenta, auch als Mutterkuchen bekannt. Dieser wird später mit der dort verbundenen Nabelschnur für die Sauer- und Nährstoffversorgung des Babys verantwortlich sein. Auch die Abfallprodukte des Sauerstoffs werden über die Plazenta entsorgt.

Während dieser Zeit sind sich die meisten Frauen noch ungewiss, ob eine Schwangerschaft wirklich vorliegt. Nur wenige Frauen bemerken eine kleine Veränderung des Körpers. Dafür müssen sie jedoch eng mit dem eigenen Bewusstsein und Körper verbunden sein. Trotzdem ist der Körper Deiner Partnerin bereits damit beschäftigt, sich gezielt auf die Schwangerschaft vorzubereiten. Es passieren eine Menge hormoneller Veränderungen, welche vor allem für den Erhalt der Schwangerschaft wichtig sind.

Die Einnistung des Embryos verursacht weitere Entwicklungen im weiblichen Körper, die vollkommen unbemerkt ablaufen. Durch das Einnisten wird eine Entwicklung in Gang gesetzt, die unter anderem die Bildung der Fruchthöhle nach sich zieht. Zwischen den Embryoblasten und den Trophoblasten bilden sich die Fruchthöhle und der Dottersack. Dieser wird in den nächsten Wochen für die Nährstoffversorgung des Embryos sorgen. Um das bereits eingenistete Ei herum bildet sich die Plazenta. Nun ist es auch soweit, dass die meisten Frauen die ersten Schwangerschaftsanzeichen verspüren. Dazu werden wir im entsprechenden Kapitel genauer eingehen.

Was passiert mit dem Kind? (Entwicklungsstufen)

Bist Du schon gespannt, wie sich Dein Kind in den nächsten 40 Wochen entwickeln wird? Um Dir das Warten zu erleichtern, möchte ich Dir erläutern, was nun in den kommenden Schwangerschaftswochen passiert.

Die ersten Wochen einer Frühschwangerschaft sind oftmals die aufregendsten. Leider werden sie von sehr vielen Eltern nicht wahrgenommen. Ab der letzten Monatsblutung vergehen meist vier Wochen, bis bemerkt wird, dass ein neues Leben entstanden ist. Genau genommen sind die ersten Wochen einer Schwangerschaft meist rein rechnerisch relevant. Sie dienen dazu, zu verstehen, wann die Befruchtung stattgefunden hat und wann Dein Kind das Licht der Welt erblicken wird. Die Kindesentwicklung beginnt immer in der 3. SSW. Exakt in dem Moment, in dem die meisten Frauen bereits eine leise Vorahnung verspüren.

In der 3. SSW sieht die befruchtete Eizelle aus wie eine Maulbeere. In der Embryo-Entwicklung spricht man von dem Morula-Stadium. Schon einen Tag nach diesem Stadium, welches sich meist am zweiten Tag in der 3. SSW ergibt, bildet sich im inneren des Zell-Clusters eine Art Hohlraum. Mediziner sprechen davon als Keimblase (Blastozyste), die sich aus dem Zell-Cluster gebildet hat. Aus dieser wird sich dann der Embryo entwickeln. Das Baby trägt bis zum Ende des ersten Trimesters diese Bezeichnung. Als Fötus wird das neue Leben erst beschrieben, wenn sich alle wichtigen Organanlagen gebildet haben.

Wichtiger Fakt: *Ihr habt bis zu diesem Stadium die Möglichkeit, eine Abtreibung in Betracht zu ziehen. Grundlegend ist es wichtig, dass seit der Empfängnis nicht mehr als 12 Wochen vergangen sind. Das entspricht 14 Wochen nach der letzten Monatsblutung.*

Jedoch sind wir immer noch in der 3. SSW. In dieser wandert der Embryo vom Eileiter in die Gebärmutter. Diese erreicht er für gewöhnlich in der darauffolgenden Woche. Dort angekommen besteht ein Embryo bereits aus 70–100 Zellen. Der Übergang in die 4. SSW zeichnet sich dadurch aus, dass die Eizelle nun aus dem Eileiter gelangt ist und sich in die Gebärmutterschleimhaut einnistet. In dieser Phase einer Schwangerschaft entscheidet sich, ob die Schwangerschaft erhalten bleibt.

Wichtiger Fakt: *Unmittelbar vor der Einnistung, die auch Nidation genannt wird, kann der Embryo durch äußere Einflüsse geschädigt werden. Gelingt es dem neu entwickelten Organismus nicht, Schädigungen zu kompensieren, stoppt die Entwicklung und die Keimblase wird mit der nächsten Periode ausgeschieden.*

Kurz vor der Einnistung schlüpft der Embryo aus der ihn umgebenden Hülle und nistest sich dann in der Gebärmutterschleimhaut ein, bis diese ihn vollständig umgibt. Zum Ende der 4. SSW ist der Embryo etwa 0,5 Millimeter groß.

In der 5. SSW wächst der Embryo und es bilden sich die ersten Organe aus. In den ersten Wochen der Schwangerschaft legen Embryonen eine rasante Entwicklung hin. Von der 6. bis zur 8. SSW bilden sich alle relevanten Organe des Kindes weiter aus. Zu dieser Zeit beginnt der Embryo damit, sich über die Plazenta im Mutterleib zu versorgen. Das Herz beginnt zu schlagen. Etwa 250 Schläge pro Minute sind für dieses Entwicklungsstadium üblich.

Nun ist auch der Zeitpunkt gekommen, an dem aus dem Embryo ein Fötus wird. Es bildet sich der Rückenstrang als Vorläufer zur Wirbelsäule aus. In der 7. SSW entwickeln sich die ersten Muskelstränge und der Körper Deines Kindes wird bereits durch die Wirbelsäule stabilisiert. In der 8. SSW misst der Embryo bereits 15 Millimeter und es entwickeln sich die Ansätze der Finger und Zehen sowie die Anlagen für Lippen, Arme und Beine.

Kurze Zeit später, etwa in der 9. SSW, beginnt die Blutbildung und erste Bewegungen des Fötus sind wahrnehmbar. Als Nächstes entwickeln sich das Gehirn und das Nervensystem. In der 11. SSW kann man den Darm, den Brustkorb und auch die ersten Milchzahnanlagen erkennen. Am Ende der 13. SSW wiegt Dein Kind etwa 20 Gramm und misst circa 7 Zentimeter.

Zusammenfassung:

3. SSW	Eizelle nistet sich in die Gebärmutter ein.
4. SSW	Schwangerschaftstest ab jetzt möglich.
5. SSW	Kopf und Rumpf entwickeln sich. Rasante Entwicklung des Kindes. Arm- und Beinausbildung sind deutlich zu erkennen.
6. SSW	Arme, Beine und Gesicht bilden sich weiter aus. Es kommt zu ersten Zuckungen.
7. SSW	Der Herzschlag ist zu hören. Embryo sieht c-förmig aus. Wirbelsäule bildet sich weiter aus.

8. SSW	**Nasenspitze, Ohren und Oberlippen werden unter anderem gebildet. Finger und Zehen treten hervor. Die Geschlechtsorgane werden sichtbar, sind aber auf dem Ultraschall noch nicht zu erkennen.**
9. SSW	**Der Hals wird sichtbar. Anlage der Augen, Lider, Lippen und Zähne ist erfolgt. Der Embryo beginnt sich zu bewegen.**
10. SSW	**Übergang zum Fötus. Alle wichtigen Organe sind vorhanden.**
11. SSW	**Der individuelle Fingerabdruck entwickelt sich. Organe bilden sich weiter aus.**
12. SSW	**Der Bauch der Mutter wölbt sich langsam. Das Gesicht des Kindes bildet sich weiter aus.**

Welche Schwangerschaftsbeschwerden gibt es?

Schwangerschaftsanzeichen oder auch -beschwerden sind vollkommen normal. Die ersten Anzeichen werden jedoch erst ab der 4. SSW wahrgenommen. Ab der 5. SSW beginnt bei vielen Frauen die Müdigkeit. Die meisten Frauen haben in dieser Zeit das Gefühl, sie bekommen ihre Periode. Neben Müdigkeit beginnen die Brüste zu spannen und im Unterleib macht sich ein Ziehen bemerkbar.

Das resultiert vor allem aus der Lockerung des Bindegewebes und der Mutterbänder. Ab jetzt ist es möglich, einen Schwangerschaftstest zu machen.

Ab der 6. SSW hat der Körper damit zu tun, die zahlreichen Hormone zu produzieren und auszuschütten. Dabei verhindert das Hormon HCG, welches auch als Schwangerschaftshormon bekannt ist, weitere Eisprünge. Das Gewebe des Muttermundes und auch des Beckenbodens wird in dieser Zeit bereits elastischer.

Ab der 7. SSW treffen gleich mehrere Symptome aufeinander. Wundere Dich also nicht, wenn Du Deine Frau in der Nacht am Kühlschrank findest. Müdigkeit, Heißhungerattacken und Kreislaufprobleme gehören jetzt zum Alltag.

Ab der 8. SSW kommt neben der Müdigkeit auch Übelkeit auf. Kurze Anstrengungen sorgen bereits für Kurzatmigkeit und Unwohlsein. Das ist aber vollkommen normal, denn der eingeatmete Sauerstoff kommt zum Teil dem Embryo zu.

In der 9. SSW kommt es bei sehr vielen Frauen zu einer Geruchsempfindlichkeit und es kann zu den typischen Schwangerschaftsgelüsten kommen.

In der 10. SSW beginnt sich die Haut zu verändern. Es kann zu Akne oder Pickelbildung kommen. Viele Frauen berichten von trockener oder fettiger Haut. Die Brüste fangen an zu wachsen, weshalb man einen gut sitzenden BH tragen sollte. Viele Frauen fühlen sich durch die Hormonumstellung in dieser Zeit erschöpft und sensibel. Darauf darfst Du

eingehen.
Auch in der 11. SSW werden sich die Beschwerden nicht weiter verändern. Hinzu kommen die ersten Gewichtszunahmen.

Ab der 12. SSW wird sich langsam eine Besserung des Zustandes einspielen. Oftmals verschwindet die Übelkeit vollständig. Jedoch kann es bei vielen Frauen nun zu Sodbrennen kommen.

Welche wichtigen Untersuchungstermine gibt es?

Zu Beginn einer Schwangerschaft sollten regelmäßige Vorsorgeuntersuchungen stattfinden. Um eine Schwangerschaft auch wirklich bestätigen zu können, sollte man zwischen der 5. und 8. SSW seinen Frauenarzt aufsuchen. Die Erstuntersuchung wird die Schwangerschaft bestätigen. Bei dieser ersten Untersuchung wird zusätzliche eine Anamnese zur Feststellung von familiären Erkrankungen vorgenommen. Außerdem werden die Blut- und Urinwerte geprüft, um eine Rhesusunverträglichkeit auszuschließen.

Was genau ist eine Rhesusunverträglichkeit? Grundlegend kann ein Kind beide Rhesus-Varianten der Eltern erben. Eine Unverträglichkeit entsteht jedoch, wenn die Mutter Rh-negativ ist und ihr Blut auf das Blut des Rh-positiven Kindes trifft. Dies kann zu einer Abwehrreaktion im Körper der Mutter führen, wodurch sich in deren Blut Antikörper bilden. In einem solchen Fall kann es beispielsweise zu einer Gelbsucht beim Kind kommen. Oder aber es bilden sich Wassereinlagerungen im gesamten Körper, was in einem sehr ungünstigen Fall zum Verlust des Kindes führen kann.

In der 9. SSW kommt es zur ersten Vorsorgeuntersuchung. Dabei wird überprüft, ob es Eurem Kind gut geht. Außerdem kann man zu diesem Zeitpunkt bereits feststellen, ob eine Mehrlingsschwangerschaft vorliegt.

In der 10. SSW erfolgt die erste große Untersuchung. Dabei werden unter anderem das Gewicht und die Größe des Kindes gemessen. Außerdem wird Blut abgenommen, um zu prüfen, ob ein Mangel vorliegt. Die Untersuchung des Kindes erfolgt mittels Ultraschall. Fallen in diesem Stadium Unregelmäßigkeiten am Kind auf, wird eine pränatale Diagnostik vorgenommen. Es ist möglich, mit verschiedenen Ultraschalluntersuchungen Organe genauer zu überprüfen. Und auch die Nackentransparenz- oder Nackendichtemessung geben Aufschluss über eventuelle Risiken.

Ab der 12. SSW erfolgt nun eine monatliche Routineuntersuchung beim Frauenarzt.

Der Mutterpass

Der Mutterpass wird nun zu einem sehr wichtigen Dokument. Er wird vom Frauenarzt ausgestellt, sobald die Schwangerschaft bestätigt wurde. Im

Mutterpass sind unter anderem alle Daten und Gesundheitszustände der werdenden Mutter und des Kindes einzusehen. Festgehalten werden:

- Ultraschalluntersuchungen
- Kindesentwicklung
- Krankheitsgeschichte
- CTG-Daten
- Infektionen und Nachkontrollen (falls vorhanden)

Auf den letzten Seiten dieses Buches findest Du die genaue Erklärung zum Mutterpass.

Komplikationen im ersten Trimester

In der Frühschwangerschaft kann es leider immer wieder zu Komplikationen kommen. In den ersten 12 Wochen ist das Risiko einer Fehlgeburt sehr hoch. Rund 80 % aller Fehlgeburten finden in diesem Zeitraum statt. Einer der häufigsten Gründe sind Fehlbildungen. Das bedeutet, dass der Körper bereits frühzeitig erkannt hat, dass der Embryo nicht gut entwickelt ist. Die Schwangerschaft wird in diesem Falle abgebrochen. Dazu entschließt sich der Körper Deiner Partnerin eigenständig. Oftmals erkennt man einen solchen Verlauf durch einsetzende Blutungen. Diese nehmen stark zu, wobei der Körper den Embryo ausscheidet. Es ist ratsam, direkt in eine Klinik zu fahren, um eventuelle Nachblutungen oder Ähnliches überprüfen zu lassen.

1.2 Zweites Trimester

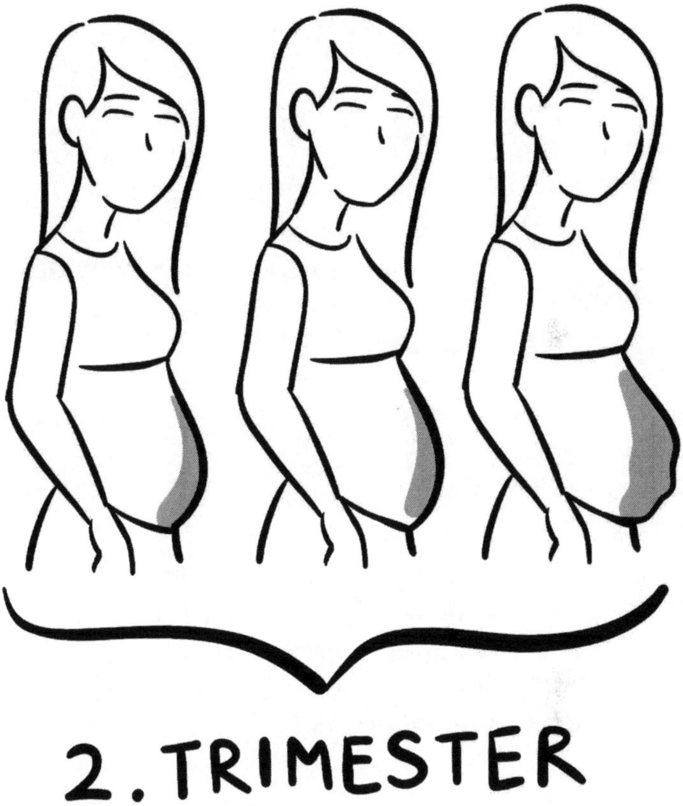

Habt ihr gemeinsam das erste Trimester der Schwangerschaft erlebt, dann wird nun ab der 13. SSW das zweite Trimester beginnen. Leider kann man per Definition einige Unterschiede in der Rechnung der Schwangerschaftswoche zu diesem Trimester finden. Viele Schwangerschaftsrechner oder auch Apps zählen das zweite Trimester erst ab der 14. SSW. Andere wiederum lassen diese Zeit bereits nach der 25. SSW auslaufen. Lass

Dich bitte von dieser Rechnung nicht beeinflussen. Geburtshelfer rechnen diese Zeit meist bis zur 27. SSW.

Was passiert im Körper der Frau?

Nach dem ersten Trimester atmen viele Schwangere nun erst einmal auf und beginnen die Schwangerschaft auch wirklich zu genießen. Für Dich und Deine Partnerin wird es nun besonders interessant. Denn ab der 13. SSW werdet ihr vermehrt die Verbindung zu Eurem Kind spüren.

Ab diesem Zeitpunkt bemerkt Deine Partnerin, dass sich Euer Kind mit kleinen Turnübungen bemerkbar macht. Zusätzlich kann Deine Partnerin Euer Kind nun durch den Schluckauf, den es entwickelt, spüren. In dieser Zeit kann man auch einen ersten kleinen Babybauch erkennen. Viele Frauen berichten davon, dass sie sich in dieser Phase der Schwangerschaft besonders wohlfühlen. Verantwortlich dafür sind natürlich die Schwangerschaftshormone und eine wesentlich bessere Durchblutung.

Die Kombination aus Hormonen und besserer Durchblutung sorgt dafür, dass Deine Partnerin einen rosigen Teint sowie straffere Haut bekommt und dass sich das Haar verdichtet. Da der Bauch nun unaufhörlich weiter wächst, solltet ihr in der 20. SSW unbedingt shoppen gehen und für bequeme Umstandsmode sorgen.

Zum Ende hin verändert sich der Körper und damit die Haltung deutlich. Das kann zu den bekannten Schwangerschaftsbeschwerden führen, die im entsprechenden Kapitel behandelt werden.

Was passiert mit dem Kind?
(Entwicklungsstufen)

In dieser Phase der Schwangerschaft beginnt der Fötus, sich aktiver zu bewegen. Beispielsweise beginnen Kinder damit, sich in dieser Phase regelmäßig den Daumen in den Mund zu stecken. Dabei wird der Fötus immer wieder Fruchtwasser verschlucken, was zu einem Schluckauf führt. Von der 13. SSW bis zur 18. SSW passiert aber noch viel mehr.
Der Fötus beginnt, sich vermehrt zu bewegen. Außerdem verhärtet sich das Skelett und die Geschlechtsteile werden sichtbar – der ideale Zeitpunkt, um vielleicht zu erfahren, ob ihr einen Jungen oder ein Mädchen bekommt. Selbst die Mimik kann man in diesem Stadium nun erkennen. Da zu Beginn dieses Trimesters bereits alle Organe angelegt sind, reifen diese nun weiter aus und nehmen an Größe zu.

Bis zur 22. SSW wird der Herzschlag kräftiger. Teilweise ist er mit dem Stethoskop zu hören. Das Gehör des Kindes bildet sich aus. Somit kann es Deine und auch die Stimme Deiner Partnerin wahrnehmen. Der Fötus kann ab diesem Zeitpunkt sehen, hören und auch schmecken. Damit sind die Sinnesorgane alle vollständig angelegt. Bei vielen Kindern bildet sich nun auch der Haarflaum. Zum Ende hin können Kinder bereits die Augen öffnen. Außerdem wird Dein Kind nun immer aktiver werden. Die Tritte sind nun auch für Dich spürbar. Bis zum Ende des zweiten Trimesters reift die Lunge vollständig aus und die Gehirnentwicklung schreitet weiter voran. Außerdem beginnt Euer Kind damit, Wach- und Schlafphasen zu entwickeln.

Das gesamte Trimester ist so angelegt, dass vor allem das Wachstum des Kindes im Fokus steht. Während die meisten Kinder zu Beginn der 13. SSW ungefähr 6,5 cm messen, kann man zum Ende des Trimesters bereits eine Größe von rund 37 cm wahrnehmen. Auch das Gewicht steigt unaufhörlich. Am Anfang des zweiten Trimesters wiegen Kinder circa 20 g. Zum Ende hin kann man bei den Untersuchungen ein Gewicht von bis zu 1.100 g verzeichnen.

Wichtiger Fakt: *Das sogenannte „Babykino" war über viele Jahre hinweg eine willkommene Abwechslung zu den typischen Ultraschalluntersuchungen. Beim Babykino konnte man sich mittels Ultraschall das eigene Kind in 3-D anschauen und bestaunen. Von werdenden Eltern wurde das sehr gerne in Anspruch genommen. Jedoch ist diese Form der „Unterhaltung" seit dem 01.01.2021 verboten. Grund dafür ist, dass es für das Babykino keine medizinische Notwendigkeit gibt.*

Zusammenfassung:

13.–18. SSW	Der Fötus beginnt am Daumen zu nuckeln. Dabei verschluckt er immer wieder Fruchtwasser, was zu Schluckauf führen kann. Er beginnt damit, im Mutterleib zu turnen und sich vermehrt zu bewegen. Das Skelett verhärtet sich. Die angelegten Organe wachsen weiter und reifen aus.
19.–22. SSW	Der Herzschlag wird deutlicher. Zusätzlich kann man versuchen, das Geschlecht zu erfahren. Das Gehör bildet sich aus und die anderen Sinnesorgane werden feiner. Es bildet sich ein feiner Haarflaum.
23.–27. SSW	Das Kind entwickelt Schlaf- und Wachphasen. Ab jetzt kann Dein Kind die Augen öffnen. Die Gehirnentwicklung und die Lungenentwicklung schreiten voran.

Welche Schwangerschaftsbeschwerden gibt es?

Obwohl die meisten Frauen dieses Trimester als entspannt ansehen, sind trotzdem Beschwerden vorhanden. Natürlich lassen Übelkeit und Stimmungsschwankungen nach. Der Körper Deiner Partnerin hat sich an den neuen Hormonhaushalt gewöhnt, weshalb die anfänglichen Schwangerschaftsbeschwerden verschwunden sind.

Trotzdem bleiben auch im zweiten Trimester kleinere Beschwerden nicht aus. Wie stark diese auftreten, hat auch gelegentlich etwas mit dem Wetter zu tun. Klingt klischeehaft, ist jedoch nachgewiesen. Vor allem im Hochsommer klagen sehr viele Schwangere vermehrt über Kopfschmerzen oder auch Wadenkrämpfe. Wassereinlagerungen in den Beinen und Fingern gehören leider auch zu diesem Trimester. Außerdem kann es in dieser Zeit zu Vergesslichkeit kommen und auch Sodbrennen wird vermutlich ein Begleiter sein. Auf beide Beschwerden möchte ich näher eingehen, denn oftmals ist es als Außenstehender schwer zu verstehen, warum Schwangere an Vergesslichkeit leiden.

Vergesslichkeit während der Schwangerschaft? Das ist der Grund

Diese **Vergesslichkeit** wird als „Schwangerschaftsdemenz“ bezeichnet. Auch wenn in dieser Zeit keine Gehirnzellen wie bei der normalen Demenz absterben, tut sich etwas im Gehirn der Frau. Hauptverantwortlich für diese Entwicklung sind die Hormone. Es gibt Frauen, die diese Art der Vergesslichkeit erst zum Ende der Schwangerschaft verspüren. Tritt sie jedoch schon zeitiger auf, müsst ihr Euch keine Sorgen machen. Die Medizin geht davon aus, dass vor allem die beiden Hormone Oxytocin und Prolaktin dafür verantwortlich sind. Deren Konzentration steigt während der Schwangerschaft und auch danach enorm an.

Vor allem Prolaktin fördert die Bindung zwischen Mutter und Kind. Deswegen gehen sehr viele Ärzte davon aus, dass der Fokus der Mutter sich so stark verändert, dass sie den Rest der Welt vergisst. Die Gedächtnisleistung Deiner Partnerin kann jedoch auch durch andere Faktoren beeinflusst werden. Schlafmangel ist beispielsweise ein Grund. Gerade zum Ende des zweiten Trimesters kann es zu diesem Problem kommen.

Wie könnt ihr gemeinsam die Schwangerschaftsdemenz angehen? Ihr seid der Vergesslichkeit nicht vollkommen ausgeliefert. Mit einigen Verhaltensänderungen könnt ihr gemeinsam der Demenz vorbeugen oder sie mindern. Achtet bitte auf eine wertvolle und ausgewogene Gesundheit. Die Aufnahme von ausreichend Flüssigkeit ist enorm wichtig. Und vor allem Ruhe kann die Entwicklung minimieren.

Dir wünsche ich in dieser Zeit starke Nerven. Denn es kann durchaus belastend sein, wenn Deine Partnerin vielleicht zum wiederholten Male die Autoschlüssel oder Termine vergisst. Mein Tipp: Versuche für deine Frau mitzudenken. Erstellt Euch einen gemeinsamen Terminplan, der beispielsweise über Kalenderapps ermöglicht werden kann. Die App FamilyWall ist hierfür sehr gut geeignet.

Und was ebenfalls sehr hilfreich sein kann, sind kleine Erinnerungsstützen. Wird beispielsweise der Hausschlüssel immer wieder vergessen, dann klebt einen kleinen Zettel von innen an die Haustür. Damit kannst Du Deine Partnerin an den Schlüssel erinnern.

Wir waren gerade bei dem Thema Hormone und was sie alles für Beschwerden anheizen können. So ähnlich ist es auch bei **Sodbrennen**, welches bereits weiter oben angesprochen wurde. Sodbrennen ist leider eine sehr häufige Begleiterscheinung einer Schwangerschaft. Fast jede zweite Schwangere leidet unter massivem Sodbrennen. Es entsteht, wenn säurehaltiger Mageninhalt in die Speiseröhre gelangt. Dieser Reflux (Rückfluss) ist möglich, wenn der Schließmuskel zwischen Magen und Speiseröhre nicht mehr vollumfänglich funktioniert. In der Schwangerschaft ist jedoch das Hormon Progesteron verantwortlich für diese Entwicklung. Es bewirkt eine Lockerung der glatten Muskulatur, um unerwünschte Kontraktionen der Uterusmuskulatur zu vermeiden.

Durch das Einwirken dieses Hormons erschlafft jedoch auch die Muskulatur in anderen Regionen, darunter auch der Muskelring zwischen Magen und Speiseröhre. Sodbrennen kann beispielsweise durch Medikamente gestillt werden. Aber auch regelmäßige Bewegung und bequeme Kleidung sind hilfreich.

Schlussendlich möchte ich noch auf ein weiteres Beschwerdebild eingehen: Die sogenannten Wachstumsschmerzen können im zweiten Trimester entstehen. Sie werden durch die Dehnung der Mutterbänder erzeugt. Die Dehnung der Bänder ist enorm wichtig, damit die Gebärmutter und auch der Babybauch die Möglichkeit haben zu wachsen. Wenn Deine Partnerin also über Leistenschmerzen oder Rückenschmerzen klagt, kann das durchaus daran liegen.

Wichtiger Fakt: *Mutterbänder haben die Aufgabe, die Gebärmutter im unteren Becken an Ort und Stelle zu halten.*

Wie kannst Du Deine Partnerin unterstützen? Sollte es zu starken Dehnungsschmerzen kommen, kannst Du ihr ein Wärmekissen anbieten. Auch eine Massage der Leistengegend mit Fenchelöl kann hilfreich sein.

Welche wichtigen Untersuchungstermine gibt es?

In diesem Trimester sind sehr viele Untersuchungen für Euch relevant. Einige dieser Untersuchungen sind jedoch erst wichtig, wenn ein gewisses Alter erreicht wurde. Dazu gehört beispielsweise auch die Fruchtwasseruntersuchung, die ab dem 35. Lebensjahr der Mutter empfohlen wird. Diese Untersuchung kann beispielsweise einen Hinweis auf einen offenen Rücken oder das Downsyndrom geben. Bevor ihr Euch jedoch für diese Art der Untersuchung entscheidet, möchte ich Euch eine Beratung beim Frauenarzt empfehlen. Denn die Fruchtwasseruntersuchung birgt das Risiko einer Fehlgeburt. Es ist nicht zwingend erforderlich, diese Untersuchung machen zu lassen. Empfehlenswert ist sie, wenn bereits bekannt ist, dass Fehler im Erbgut vorliegen. Vor allem bei familiären Erberkrankungen ist es manchmal sinnvoll, eine Fruchtwasseruntersuchung durchführen zu lassen.

Vor einer Fruchtwasserpunktion haben sehr viele Frauen Angst. Das ist vollkommen verständlich. Aktuell ist die Wissenschaft daran interessiert, eine Alternative zur Fruchtwasserpunktion zu finden. Im Sommer 2012 haben Forscher in den USA einen erstaunlichen Fortschritt in diesem Bereich gemacht: In Speichel- und Blutuntersuchungen konnten sie das Genom (Erbgut, Chromosomensatz) eines Fötus herausfiltern.

Natürlich stehen auch in diesem Trimester wieder zahlreiche Untersuchungen mittels Ultraschall beim Frauenarzt an. Das sogenannte **2. Screening** sollte zwischen der 19. und 22. SSW stattfinden. Dabei wird genau auf die Entwicklung Eures Kindes geachtet. Gleichzeitig werden die Organe genauer begutachtet und es wird vielleicht sogar erkennbar sein, welches Geschlecht Euer Kind hat.

Daran angeschlossen wird das **Organ-Screening**, welches zwischen der 19. und 23. SSW stattfinden sollte. Auf Wunsch kann ein ausführlicher Organ-Ultraschall gemacht werden, um beispielsweise Organfehlbildungen zu erkennen.

Während einer Schwangerschaft kann es zu einem sogenannten Schwangerschaftsdiabetes kommen. Ich habe das in den Komplikationen noch etwas näher erläutert. Um festzustellen, ob sich ein Diabetes ausgebildet hat, kann man einen

Glukosetoleranztest machen lassen. Dieser erfolgt zwischen der 24. und 28. SSW. Ein Verdacht auf Schwangerschaftsdiabetes kann bestehen, wenn die Schwangere übergewichtig ist, einen erhöhten Blutdruck aufweist oder in der Familie Diabetes vorkommt.

Hebammensuche

Das zweite Trimester ist noch von einer weiteren Aufgabe bestimmt: Neben dem Nestbautrieb, den ihr beide vermutlich verspürt, ist die Hebammensuche enorm wichtig. Wie findet man die passende Hebamme? Grundlegend müsst ihr Euch keine Hebamme vor der Geburt suchen. Es ist auch durchaus möglich, erst in der Klinik eine Hebamme kennenzulernen. Jedoch verunsichert das sehr viele Frauen, weswegen sie sich speziell um eine eigene Hebamme bemühen. Habt ihr Euch dazu entschlossen, es ähnlich anzugehen, dann bekommt ihr nun einige Tipps von mir an die Hand.

Wichtiger Fakt: *Was macht eine Hebamme eigentlich? Die meisten kennen Hebammen nur als Geburtsbegleiter, jedoch umfasst ihr Aufgabengebiet weit mehr. Eine Hebamme nimmt Vorsorgeuntersuchungen vor, berät bei Schwangerschaftsbeschwerden, hilft bei Sorgen und Ängsten und unterstützt bei der Geburtsvorbereitung und später beim Stillen. Außerdem ist sie für die Babypflege verantwortlich.*

Wo kann man eine Hebamme finden? Ihr könnt gemeinsam in eine Klinik gehen. Dort sind zahlreiche Hebammen zu finden. Als Alternative könnt ihr Euch an den deutschen Hebammenverband wenden. Es ist auch möglich, selbstständig im Internet zu suchen, ob es in Eurer Nähe eine freiberufliche Hebamme gibt. Um eine gute Wahl zu treffen, solltet ihr unbedingt diese Dinge beachten:

- Lernt Eure Hebamme persönlich kennen.
- Achtet darauf, ob ihr sie sympathisch findet und ob die Chemie stimmt.
- Sollte es sich um eine selbstständige Hebamme handeln, schaut Euch ihre Leistungsprogramme an. Ist alles vorhanden, woran ihr Interesse habt?

Sicherlich fragst Du Dich nun, was die Krankenkasse bezahlt. Auch hierzu möchte ich Dich informieren.

Wichtiger Fakt: *Eine selbst gewählte Hebamme, sofern sie nicht in der Klinik angestellt ist, in der Deine Partnerin entbinden möchte, nennt sich Beleghebamme.*

Während der Schwangerschaft:

Was die gesetzliche Krankenkasse zahlt:	• **Telefonische und persönliche Hebammenberatung** • **Vorsorgeuntersuchungen durch die Hebamme (ausgeschlossen Ultraschall)** • **Geburtsvorbereitungskurs für die Schwangere (nicht jedoch für deren Partner)**
Was die gesetzliche Kranken-kasse manchmal zahlt:	• **Alternative Behandlungsmethoden wie Akupunktur zur Linderung von Schwangerschafts-beschwerden**

Während der Geburt:

Was die gesetzliche Krankenkasse zahlt:	• Klinikgeburt mit angestellter Hebamme oder Beleghebamme • Hausgeburt
Was die gesetzliche Krankenkasse manchmal zahlt:	• Rufbereitschaft der Beleghebamme • Entbindung in einem Geburtshaus

Nach der Geburt:

Was die gesetzliche Krankenkasse zahlt:	• 10 Tage lang Hausbesuche durch die Hebamme zur Nachsorge • 8 Wochen nach der Geburt 16 weitere Termine der Beleghebamme • Rückbildungskurse
Was die gesetzliche Krankenkasse manchmal zahlt:	• Weitere Kurse (Säuglingspflege usw.)

Komplikationen im zweiten Trimester

Komplikationen sind in einer Schwangerschaft nie schön. Natürlich wünschst Du Dir eine reibungslose Schwangerschaft. Trotzdem möchte ich Dich drauf vorbereiten, dass Deine Partnerin beispielsweise Schwangerschaftsdiabetes entwickeln kann. Wir hatten bereits im Kapitel zu den bevorstehenden Untersuchungen dieses Thema angeschnitten. Nun möchte ich es vertiefen.

Schwangerschaftsdiabetes (Gestationsdiabetes) kommt recht oft vor. Hierbei handelt es sich um eine Störung des Zuckerstoffwechsels. Diese Form der Erkrankung ist meist auf die Zeit der Schwangerschaft beschränkt. Steigt der Blutzuckerspiegel zu stark an, kann es durchaus zu gesundheitlichen Folgen für Mutter und Kind kommen. Woran erkennt ihr eine Diabetes-Erkrankung in der Schwangerschaft? Typische Symptome bei Deiner Partnerin sind vermutlich nicht zu erkennen, denn ein starkes Durstgefühl und häufiger Harndrang sind bei Schwangerschaften nicht zu finden. Somit kann es jedoch dazu kommen, dass der Schwangerschaftsdiabetes vollkommen unentdeckt bleibt. Um eine solche Entwicklung auszuschließen, ist der beste Ansprechpartner der behandelnde Frauenarzt.

Bleibt Schwangerschaftsdiabetes unentdeckt, kann das zu Folgen für Mutter und Kind führen. Es kann beispielsweise zu einer Schwangerschaftsvergiftung oder auch zu Harnwegsinfekten kommen. Infolge des hohen Blutzuckerspiegels Deiner Partnerin wird auch der Zuckerspiegel Eures Kindes zu hoch sein. Der kleine Organismus produziert daraufhin zu viel Insulin und es kann zu ungesunden und überproportionalen Wachstumsveränderungen kommen.

Durch eine fehlende Erkennung des Diabetes kann es zu einer Schwangerschaftsvergiftung kommen, die ebenfalls als Komplikation gesehen wird. Eine Schwangerschaftsvergiftung kann in verschiedenen Schweregraden auftreten. Bei einer besonders schweren Form kann es zu Krampfanfällen kommen, die eine Thrombose oder ein Nierenversagen hervorrufen kann. Das sind selbstverständlich Ausnahmefälle. Erkennen könnt Ihr eine Schwangerschaftsvergiftung durch erhöhten Blutdruck und Eiweißausscheidungen im Urin. Hegt ihr den Verdacht einer solchen Entwicklung, ist ein sofortiger Arztbesuch notwendig.

1.3 Drittes Trimester

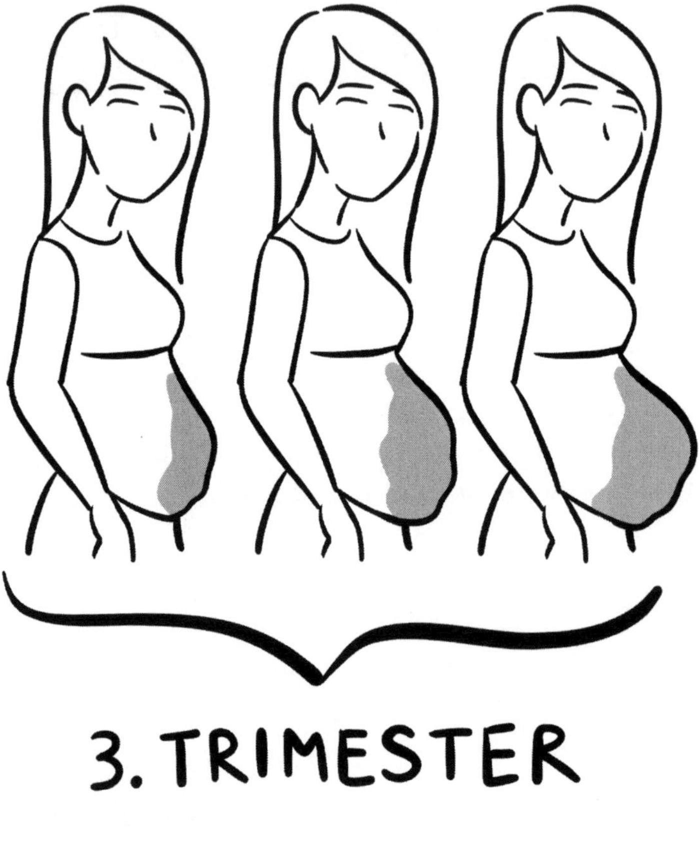

Das dritte Trimester ist das letzte einer Schwangerschaft und beginnt mit der 28. SSW. So langsam wird es für Euch spannend. Ich kann mir vorstellen, dass auch Du bereits sehr aufgeregt bist. Wollen wir uns also anschauen, was bis zu 40. SSW noch alles passiert?

Was passiert im Körper der Frau?

Die meisten Frauen werden nun tatsächlich kugelrund. Starke Veränderungen geschehen nun in diesem Trimester nicht mehr. Die meisten Frauen haben in dieser Zeit jedoch sehr wenig Bewegungsfreiheit, was das dritte Trimester als sehr anstrengend erscheinen lässt. Versuche, Deiner Partnerin in dieser Zeit viel abzunehmen. Denn selbst das Schuhe anziehen kann zur Herausforderung werden.

Euer Kind nimmt in diesem Stadium die Geburtsposition ein, weswegen es nach unten drückt. Dadurch kann es zu den sogenannten Senkwehen kommen. Die Vorwehen (Senkwehen) öffnen den Muttermund jedoch noch nicht, ihr braucht also keine Bedenken haben.

Diese Art der Wehen dient dazu, die Gebärmutter zu trainieren. Die ersten Kontraktionen, die dabei entstehen, nennt man Alvarez-Wehen. Sie sind relativ schwach und zeigen sich wellenförmig. Dabei spannen sich nur kleine Teile der Gebärmutter an. Je weiter die Schwangerschaft fortschreitet, desto mehr Teile der Gebärmutter spannen sich an. Die Kontraktionen werden also stärker und vor allem entstehen sie häufiger. In Fachkreisen nennt man diese Art Braxton-Hicks-Wehen.

Abschließend gehen die Braxton-Hicks-Wehen in die Senkwehen über, die beispielsweise alle 10 Minuten entstehen können. Es kann allerdings auch eine Zeitspanne von mehreren Stunden oder Tagen Pause dazwischenliegen. Unterstützen kannst Du

Deine Partnerin, indem Du ihr viel aus dem Alltag abnimmst und auf ihre Bedürfnisse eingehst.

Was passiert mit dem Kind? (Entwicklungsstufen)

In der 28. SSW bildet sich die Lunge vollständig aus. An diesem Punkt können nun auch Frühgeborene mit sehr wenig Unterstützung atmen. In der 29. SSW entsteht die dicke Kopfbehaarung, die man bei Babys so liebt. Ab diesem Zeitpunkt wächst Dein Kind vorrangig. In der 30. SSW beginnt Dein Kind, kräftig für das Leben nach der Geburt zu trainieren. Normalerweise hat sich das Baby nun schon mit dem Kopf Richtung Becken gedreht. Die schützende Käseschmiere verschwindet langsam.

Wichtiger Fakt: *Die : Käseschmiere (Vernix caseosa) ist eine wachsähnliche Schicht, die sich im Mutterleib um das Kind legt. Sie legt sich bereits in der frühen Schwangerschaft um das Kind und besteht aus Talkdrüsensekret und abgestorbenen Gewebezellen. In der sogenannten Käseschicht befinden sich jedoch zahlreiche Vitamine, darunter eine große Menge an Vitamin E. Auch Eiweißstoffe sind vorhanden. Diese können spezielle Viren und Bakterien unschädlich machen.*

Ab der 31. SSW kann das Gehirn Deines Kindes nun Körperfunktionen kontrollieren. In der 32. SSW ist es durchaus möglich, dass vermehrt Schluckauf auftritt. Dadurch wird die Atmung trainiert. Ebenfalls nimmt Dein Kind ab jetzt pro Woche 150–200 g zu. Ab der 33. SSW wird die Fötusstellung eingenommen. Das heißt, die finale Geburtslage ist nun vorhanden.

Was passiert nun noch in den letzten Wochen? Ab der 35. SSW wird der Tag-Nacht-Rhythmus erzeugt und das Baby nimmt nun den gesamten Bauchraum ein. Bis zur 37. SSW ist die vollständige Entwicklung des Kindes abgeschlossen. So langsam bereitet sich der Körper Deiner Partnerin auf die Geburt vor, das Fruchtwasser wird weniger und die Kindsbewegungen nehmen ab.

Zusammenfassung

28.–32. SSW	**Das Kind entwickelt sich vollständig. Dazu gehören das Nervensystem, die Lunge und alle anderen Organe. Außerdem löst sich die Käseschmiere langsam auf.**
33.–36. SSW	**Euer Kind dreht sich in die Geburtsposition. Das Gehirn ist zu dieser Zeit vollständig ausgereift. Ab jetzt nimmt Euer Baby an Gewicht zu.**
37.–40. SSW	**Das Kind bewegt sich weniger, weil es im Mutterleib langsam eng wird. Das Fruchtwasser wird weniger und die Geburt kann jederzeit losgehen.**

Welche Schwangerschaftsbeschwerden gibt es?

Das letzte Schwangerschaftsdrittel ist von einigen Beschwerden geprägt. Durch das zunehmende Gewicht und den wachsenden Bauch der werdenden Mama ist die Bewegungsfreiheit eingeschränkt. Zusätzlich kommen Schlafprobleme hinzu, weil der Bauch deutlich hervorsteht.

Weiterhin kann Deine Partnerin über Sodbrennen und Rückenschmerzen klagen. Es kann durchaus auch dazu kommen, dass Deiner Partnerin der Appetit vergeht, da sie einen stetigen Druck auf den Magen verspürt. Auch Wassereinlagerungen und ein häufiger Harndrang sind durchaus vorhanden. Viele Schwangere klagen zusätzlich über Kurzatmigkeit.

Unterstützen kannst Du Deine Partnerin in diesem Trimester vor allem dadurch, dass Du ihr Ruhe ermöglichst. Nicht ohne Grund fängt in dieser Zeit auch der Mutterschutz an. Gegen Wasser in den Beinen oder Fingern hilft ausreichendes Trinken und das Hochlagern der Gliedmaßen.

Welche wichtigen Untersuchungstermine gibt es?

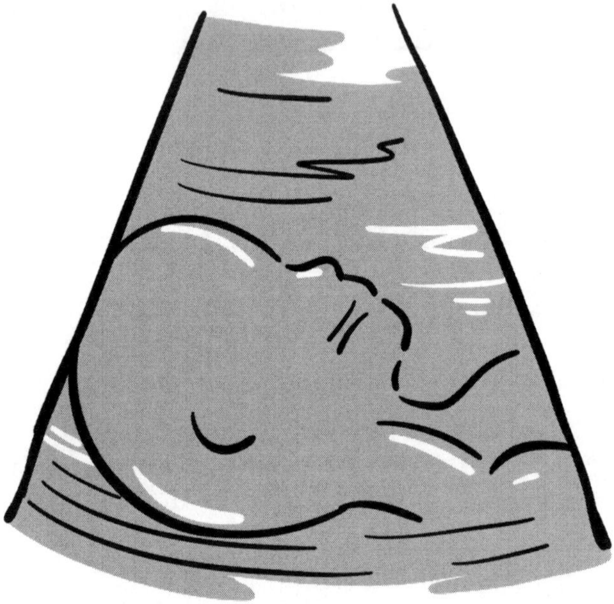

Im letzten Trimester fallen nicht mehr ganz so viele Untersuchungen an. Wichtig ist, dass der Frauenarzt nun regelmäßig kontrolliert. Zusätzlich muss Deine Partnerin vermutlich immer wieder zum CTG-Termin fahren. Dieser kann beim Frauenarzt, in der Klinik oder bei der Hebamme stattfinden. Da das besonders schöne Momente sind, in denen ihr das Herz Eures Kindes schlagen hören könnt, solltest ihr die Chance nutzen und die Termine gemeinsam wahrnehmen. Beim Ultraschalltermin wird noch einmal nach Auffälligkeiten gesucht. Auch die Lage Eures Kindes wird dabei mit beobachtet.

Komplikationen im dritten Trimester

Auch das Komplikationsrisiko sinkt in dieser Zeit enorm. Lediglich eine zu schnelle Geburtseinleitung kann wirklich als Komplikation angesehen werden. Vor allem dann, wenn Euer Kind als Frühchen auf die Welt kommt. Weitere Komplikationen können in diesem Fall nicht auftreten.

1.4 Besonderheiten der Fruchtblase, der Plazenta und der Nabelschnur

Dir wurden schon einige Informationen zu den Themen Fruchtblase, Plazenta und Nabelschnur mitgegeben. Da diese drei Komponenten sehr wichtig bei einer gesunden Schwangerschaft sind, möchte ich Dir noch mehr mit auf den Weg geben.
Was solltest Du also über Fruchtblase, Plazenta und Nabelschnur wissen?

Fruchtblase

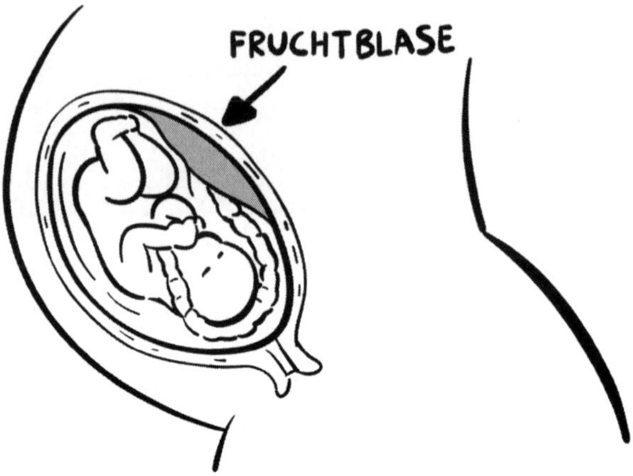

Die Fruchtblase entwickelt sich aus der Blastozyste, dem sich entwickelnden Zellhaufen nach der Befruchtung. Diese besteht aus zwei Zellschichten. Aus der inneren Schicht entwickelt sich Euer Kind. Aus der äußeren Zellschicht entwickelt sich das Keimblatt zusammen mit der Falte, die sich über den Embryo legt und später die Fruchtblase sein wird. Die Fruchtblase entsteht bis zur 8. SSW. Sie besteht aus zwei Schichten, der inneren Schicht (Amnion) und der äußeren Schicht (Chorion). Die Fruchtblase ist dehnbar und mit Fruchtwasser gefüllt.

Sie ist verantwortlich für den Stoffwechsel zwischen Eurem Kind und Deiner Partnerin. Später trinkt das Baby vom Fruchtwasser, welches wichtige Nährstoffe beinhaltet. Außerdem schützt die Fruchtblase Euer ungeborenes Kind vor Keimen und Lärm. Die Menge des Fruchtwassers in der Fruchtblase nimmt stetig zu. In der 10. SSW befinden sich etwa 30 ml Fruchtwasser in der Blase. In der 20. SSW sind es 300–500 ml.

Plazenta

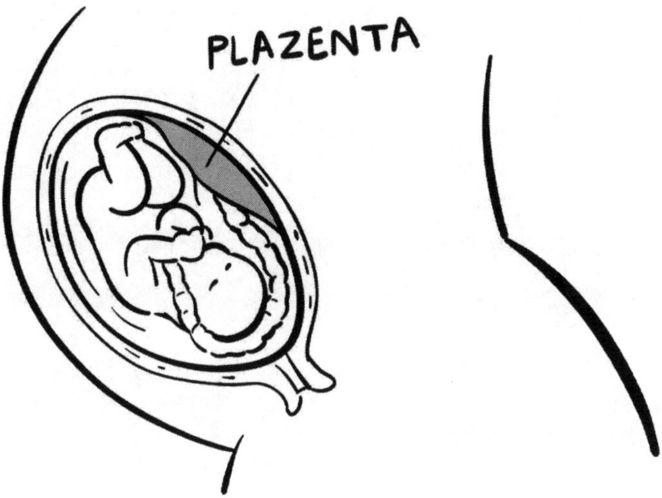

Die Plazenta wird auch Mutterkuchen genannt und versorgt Euer Kind. Der Mutterkuchen hat eine ganze Reihe von Aufgaben. Die Hauptaufgabe ist jedoch die Nährstoff- und Sauerstoffversorgung des Kindes. Gleichzeitig filtert sie die Abfallstoffe. Was viele Frauen und auch Männer nicht wissen, ist, dass in der Plazenta auch Hormone gebildet werden. Sie hat also die Aufgabe, die Schwangerschaft zu erhalten. Die Anpassung des mütterlichen Organismus fördert die Entwicklung des Kindes und reguliert die Durchblutung der Gebärmutter.
Der Mutterkuchen wird nach der Geburt ausgeleitet.

Nabelschnur

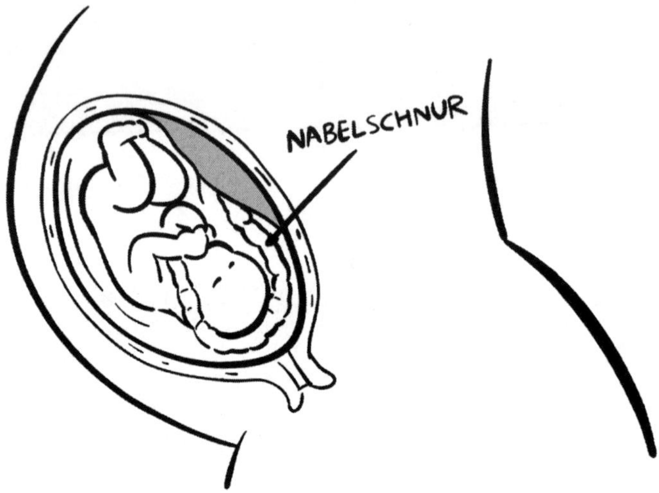

An der Nabelschnur hängt das Leben Eures Kindes. Sie beinhaltet eine Vene und zwei Arterien. Die Vene transportiert sauerstoffreiches Blut zum Herzen des Kindes. Die beiden Arterien drehen sich spiralförmig um die Vene, durch die das sauerstoffarme und nährstoffarme Blut wieder zurückfließt, um es sozusagen bei der Mutter „aufzutanken".
Bei einem Ungeborenen hat die Nabelschnur die Funktion der Lunge, sie versorgt den kindlichen Organismus mit ausreichend Sauerstoff. Sie pocht mit dem kindlichen Herzschlag, etwa 120- bis 160-mal pro Minute. Durch die Nabelschnur fließen Sauerstoff, Vitamine, Blutzucker, Eiweißstoffe und Hormone.

Kapitel 2: Geburtsvorbereitung

Du hast nun schon einiges über die Schwangerschaft Deiner Partnerin erfahren können. Kommen wir nun zu einem weiteren sehr wichtigen Thema: der Geburtsvorbereitung. Mit der Geburt Eures Kindes könnt ihr Euch bereits während der gesamten Schwangerschaft befassen. Jedoch sollte ab der 36. SSW die Kliniktasche gepackt sein.

Bevor wir jedoch zu diesem Thema kommen und ich Dir eine Checkliste mit an die Hand gebe, wollen wir uns erst einmal mit den Arten einer Geburt befassen. Starten wir also zusammen in dieses spannende Thema.

2.1 Welche Geburtsformen gibt es

Die Geburtsformen sind die Arten, wie eine werdende Mutter das Kind zur Welt bringen kann. Bevor man sich jedoch über die Geburtsposition unterhält, solltet ihr Euch gemeinsam überlegen, wo ihr Euer Kind bekommen wollt. Denn auch da gibt es mehrere Optionen. Viele Frauen entscheiden sich heute nicht mehr dazu, ihr Kind in einer Klinik zu entbinden. Was vor 20 Jahren noch vollkommen normal erschien, ist heute nur eine von vielen Optionen.

Ihr könnt Euch entscheiden, ob Ihr im Geburtshaus, Zuhause oder doch lieber in der Klinik Euer Kind empfangen möchtet. Wer sich für die Klinik entscheidet, der kann zwischen einer stationären und einer ambulanten Entbindung wählen.

Das sind recht viele Optionen, die werdende Eltern vor Herausforderungen stellen. Damit auch Du mit einem guten Gefühl in die Geburt gehen kannst, möchte ich Dir die einzelnen Entbindungsorte vorstellen.

Klinik

Die Geburt in der Klinik ist die Standardsituation, in der sich sehr viele Eltern befinden. Entscheidet ihr Euch zusammen für eine Klinikgeburt, habt ihr auch hier verschiedene Optionen.

- Ambulante Entbindung
- Stationäre Entbindung

Deine Partnerin und Du dürft Euch also Gedanken machen, ob ihr wenige Stunden nach der Geburt als Familie nach Hause gehen möchtet oder ob ihr lieber einige Tage auf der Entbindungsstation bleiben wollt.

Der Vorteil einer ambulanten Geburt ist natürlich, dass ihr schnell wieder in ein gewohntes Umfeld gelangt. Wie lange Deine Partnerin und Du nach der Geburt auf der Station bleiben müsst, entscheidet der Arzt. Natürlich ist eine ambulante Geburt nur möglich, wenn keine Komplikationen bei der Geburt aufgetreten sind. Bei einer Frühgeburt wird eine ambulante Entbindung natürlich ausgeschlossen.

Viele Paare entscheiden sich für eine ambulante Geburt, damit der Vater die ersten Stunden und Tage gemeinsam mit der Mutter beim Kind sein kann. Hierfür gibt es jedoch eine gute Alternative: in vielen Kliniken sind sogenannte Familienzimmer zu bekommen. Diese müssen natürlich vorangemeldet werden. Durch die Buchung eines solchen Zimmers haben junge Familien die Möglichkeit, die ersten Tage gemeinsam stationär zu verbringen. Der Vorteil dieser Option ist, dass ihr weiterhin unter Beobachtung seid und trotzdem das Familienleben genießen könnt.

Geburtshaus

Das Geburtshaus ist eine weitere Option, der ihr Euch annehmen könnt. Empfehlenswert ist diese Variante, wenn Euch die sterile Umgebung einer Klinik abschreckt. Zuallererst einmal – was ist überhaupt ein Geburtshaus? Das Geburtshaus ist ein Ort, der von Hebammen geleitet wird. Vorteilhaft an einem Geburtshaus ist, dass es wesentlich liebevoller und familiärer eingerichtet ist.

Oftmals geht es in einem Geburtshaus auch wesentlich ruhiger zu, was auf Gebärende einen sehr positiven Einfluss hat. Es handelt sich normalerweise um eine ambulante Geburt. Es gibt jedoch auch Geburtshäuser, die über ein Wochenbettzimmer verfügen. Ob sich ein Geburtshaus bei Euch in der Nähe befindet, könnt ihr über den Deutschen Hebammenverband erfahren. Aktuell lassen sich rund 80 solcher Häuser in ganz Deutschland finden.

Entscheidet ihr Euch für ein Geburtshaus, kann Deine Partnerin in verschiedenen Positionen entbinden, beispielsweise auch in der Wanne, wenn sie das Bedürfnis dazu hat. Die Voraussetzungen, um in einem Geburtshaus entbinden zu können, sind enorm umfangreich. Denn es gibt in einem Geburtshaus keine ärztliche Notfallbetreuung. Sollte es Komplikationen geben, muss der Rettungsdienst gerufen werden.

Deswegen ist das Entbinden in einem Geburtshaus nur bei einer unkomplizierten Schwangerschaft möglich und wenn Euer Kind vollkommen gesund ist. Auch die Vitalwerte Deiner Partnerin und vor allem der Eisenwert müssen im Optimalbereich liegen und es dürfen weder Schwangerschaftsdiabetes noch andere Erkrankungen vorliegen oder während der Schwangerschaft vorgelegen haben.

Wichtiger Fakt: *Warum ist der Eisenwert so wichtig? Das Eisen im Körper der Mutter trägt zur Blutbildung bei, um sich selber und das Kind zu versorgen. Ist der Eisenwert zu gering, kann es zu einer mangelnden Versorgung kommen. Man muss in diesem Fall von Komplikationen bei der Geburt ausgehen. Um eine Entbindung im Geburtshaus erleben zu können, müssen alle eventuellen Komplikationen bereits im Vorfeld ausgeschlossen werden.*

Ihr könnt auch nur dann das Geburtshaus als Entbindungsort nutzen, wenn keine Mehrlingsschwangerschaft besteht. Bevor ihr Euch gemeinsam für das Geburtshaus entscheidet, möchte ich Euch noch eine Information bezüglich der Kosten mit auf den Weg geben.

Nicht alle Krankenkassen übernehmen die Kosten für ein Geburtshaus. Deswegen sind vorher Informationen von der Krankenkasse einzuholen. Für Euch entstehen in diesem Zusammenhang Zusatzkosten, wenn sich die Krankenkasse für eine Finanzierung entscheiden sollte, unter anderem für die Rufbereitschaft der Hebamme.

Hausgeburt

Eine Alternative zum Geburtshaus ist eine Hausgeburt. Auch hier kannst Du verschiedene Optionen wählen. Beispielsweise kann die Geburt Eures Kindes im Schlafzimmer stattfinden. Wer eine größere Badewanne hat, kann auch diese nutzen. Einige Hebammen bieten mittlerweile eine Art Geburtspool an, der im Wohnzimmer aufgestellt werden kann.

Auch für eine Hausgeburt gelten strenge Vorgaben. Ähnlich wie bei der Entbindung im Geburtshaus muss eine unkomplizierte Schwangerschaft bestehen. Die Vitalwerte der Mutter und des Kindes müssen optimal sein. Zudem muss ein hoher Hygienestandard bestehen.

Wollt ihr eine Hausgeburt nutzen, dann besprecht das mit eurer Hebamme, damit sie Euch dazu alle nötigen Informationen geben kann. Eine Hausgeburt ist vermutlich nur dann zu empfehlen, wenn man ein eigenes Haus besitzt.

Fassen wir noch einmal die Vorteile und Nachteile der einzelnen Geburtsorte zusammen:

Geburtsort	Vorteile	Nachteile
• Klinik • Ambulante Geburt • Stationäre Geburt	• ärztliche Betreuung • Bei Komplikationen kann sofort gehandelt werden. • Ambulante Geburt ermöglicht das nach Hause gehen nach wenigen Stunden. • Familienzimmer bei stationärer Aufnahme möglich, wenn vorher angemeldet.	• sterile Umgebung • Viele Mütter fühlen sich in Kliniken unwohl.
• Geburtshaus	• familiäre Umgebung • ruhige Atmosphäre • Paare können sich leichter entspannen.	• Nur möglich bei unkomplizierter Schwangerschaft. • Bei Komplikationen muss der Rettungsdienst gerufen werden. • Frühzeitige Anmeldung nötig. • Nicht bei Mehrlingsgeburten möglich.

• Hausgeburt	• gewohnte Umgebung • entspannte Atmosphäre • Man spart sich den stressigen Weg zur Klinik oder ins Geburtshaus.	• Nur möglich bei unkomplizierter Schwangerschaft. • Bei Komplikationen muss der Rettungsdienst gerufen werden. • Hoher Hygienestandard muss gewährleistet werden.

Die Orte für eine Geburt haben wir nun gemeinsam besprochen. Kommen wir nun zu den Arten der Geburt, denn auch da kann man Unterschiede erkennen. Es gibt zwei Arten: die natürliche Geburt und den Kaiserschnitt. Bei einer natürlichen Geburt wird das Kind über den normalen Geburtsweg zur Welt gebracht. Bei einem Kaiserschnitt wird Euer Kind durch einen Schnitt im Bauch der Mutter zur Welt gebracht.

Sprechen wir als Erstes über den Kaiserschnitt. Im Normalfall findet bei einem solchen Eingriff eine Regionalanästhesie statt und keine Vollnarkose. Die regionale Betäubung hat den Vorteil, dass die Betäubungsmittel nur in den Blutkreislauf der Mutter gelangen und nicht in den des Kindes. Denkt bitte beide gemeinsam daran, dass ein Kaiserschnitt ein operativer Eingriff ist. Deswegen sollte man sich mit genauer Abwägung für oder gegen den Eingriff entscheiden. Entscheidend wird ein Kaiserschnitt erst, wenn die Gesundheit von Mutter und Kind gefährdet sind.

Dem Kaiserschnitt gegenüber steht die natürliche Geburt, die sehr viele Vorteile bietet. Hebammen empfehlen die natürliche Geburtsvariante immer wieder, weil die Bindung zwischen Mutter und Kind in diesem Fall stabilisiert wird. Außerdem kann Deine Partnerin nach der Geburt Euer Kind direkt auf den Arm nehmen. Viele Frauen haben jedoch Angst vor den Schmerzen, was durchaus berechtigt ist. Wer sehr schmerzempfindlich ist, kann eine PDA (Rückenmarksnarkose) in Anspruch nehmen.

Weil wir gerade bei der natürlichen Geburt sind, möchte ich Euch noch einige Informationen zur Wassergeburt mit auf den Weg geben. Viele Geburtsstationen besitzen mittlerweile ein Wassergeburtsbecken. Und selbst bei einer Hausgeburt kann mittlerweile ein solches Becken aufgestellt werden. Eine Wassergeburt hat den entscheidenden Vorteil, dass die Geburt sanfter und entspannter verläuft. Das Hautgewebe wird in dem 38°C warmen Wasser weicher und elastischer, wodurch eine schonende Geburt möglich ist.

Wichtiger Fakt: *Hebammen empfehlen zwar, sich während der Schwangerschaft über die Geburt zu informieren, jedoch sollte man seine Entscheidung nicht in Stein meißeln. Eine endgültige Entscheidung ist am besten während der ersten Wehen zu treffen. Deine Partnerin kann vor dem Geburtsvorgang nicht wissen, was ihr guttun wird. Deswegen sind viele Hebammen auch bei spontanen Entscheidungen an Eurer Seite.*

Sprecht am besten mit einer Hebamme über die verschiedenen Geburtsphasen und lasst Euch von Eurem Gefühl leiten.

2.2 Welche Komplikationen gibt es?

Das Thema Komplikationen ist zwar sehr unschön, sollte jedoch neben der Euphorie unbedingt mitbetrachtet werden. Auch wenn die Schwangerschaft vollkommen unkompliziert verläuft, kann es immer zu Komplikationen während der Geburt kommen. Bitte lass Dich von diesem Kapitel nicht verunsichern, sondern nutze die Informationen, um Dich auch auf diese Themen vorzubereiten. Eine der häufigsten Komplikationen dreht sich um die Nabelschnur.

Die sogenannte Nabelschnurkomplikation gehört mit zu den häufigsten Ursachen für eine mangelnde Sauerstoffzufuhr beim Kind. Man unterscheidet in diesem Fall verschiedenen Formen der Komplikation.

Vorliegen der Nabelschnur

Diese Komplikation kann sich bereits während der Schwangerschaft bemerkbar machen. Hierbei liegt die Nabelschnur vor der Geburtsöffnung, was wiederum dazu führt, dass die Geburt verkompliziert wird. Gelingt es dem Arzt oder Deiner Partnerin nicht, durch die Hochlage des Beckens die Lage der Nabelschnur zu verändern, ist eine natürliche Geburt ausgeschlossen. In der Medizin spricht man nur dann von einem „Vorliegen der Nabelschnur“, wenn die Fruchtblase noch nicht geplatzt ist. Hat diese vielleicht einen Riss hat oder ist doch geplatzt, spricht man von einem Vorfall der Nabelschnur.

Vorfall der Nabelschnur

Bei einem Nabelschnurvorfall rutscht nach dem Platzen der Fruchtblase die Nabelschnur vor den Geburtskanal. Beim Eintritt des Kindes in die Geburtsöffnung kann es deswegen dazu kommen, dass die Nabelschnur abgeklemmt wird und deswegen nicht genug Sauerstoff transportiert wird. Als Notfallmaßnahme muss in diesem Szenario direkt ein Kaiserschnitt veranlasst werden. Damit die Nabelschnur bis zum Eingriff entlastet wird und Euer Kind ausreichend Nährstoffe und Sauerstoff bekommt, ist es wichtig, das Becken Deiner Partnerin hochzulegen. Außerdem wird ein wehenhemmendes Mittel verabreicht. Damit wird verhindert, dass der Kopf Eures Kindes die Nabelschnur durch die Kontraktionen gegen das Becken drückt und somit die Sauerstoffzufuhr immer wieder unterbrochen wird.

Nabelschnurknoten

Der Nabelschnurknoten kommt bei gerade einmal 1 % aller Mütter vor. Oftmals werden die Nabelschnurknoten erst nach der Geburt erkannt, da sie während des Geburtsvorgangs nur in sehr wenigen Fällen wirklich eine Komplikation auslösen. Durch einen Knoten in der Nabelschnur werden die Gefäße abgedrückt.

Nabelschnurumschlingung

Die Bewegungen des Kindes während der Schwangerschaft können gelegentlich dazu führen, dass sich die Nabelschnur um ein Körperteil des

Kindes wickelt. Während der Schwangerschaft hat das keine weiteren Auswirkungen auf die Mutter oder das Kind. Schreitet die Geburt jedoch voran, kann die Nabelschnurumschlingung dazu führen, dass ein Zug auf die Nabelschnur entsteht, wodurch Gefäße abgeklemmt werden. Auch das führt, wie bei dem Vorfall der Nabelschnur, zu einer Sauerstoffunterversorgung. Je nach Fortschritt der Geburt können sich Ärzte für einen Kaiserschnitt oder eine operative-vaginale Entbindung entscheiden. Eine Nabelschnurumschlingung wird durch eine sehr lange Nabelschnur oder vermehrtes Fruchtwasser begünstigt.

Wichtiger Fakt: *Was ist eine operative-vaginale Entbindung? Für die meisten Paare hört sich das doch erst einmal recht gruselig an. Unter einer operativen-vaginalen Entbindung versteht man die Zangen- oder Saugglockengeburt. Ich werde Dir am Ende dieses Kapitels noch mehr darüber erzählen.*

Die Plazenta ist ein wichtiger Teil der Schwangerschaft, um das Kind mit ausreichend Nährstoffen und Sauerstoff zu versorgen. Jedoch kann mit ihr auch einiges an Risiko verbunden sein. In der Medizin spricht man bei einer Komplikation, die mit der Plazenta verbunden ist, von einer Anomalie. Auch hier kann man verschiedene Arten unterscheiden.

Vorzeitige Plazentaablösung

Bei dieser sehr gefährlichen, jedoch sehr seltenen Komplikation löst sich die Plazenta teilweise oder vollständig von der Gebärmutterwand ab. Die

Plazenta löst sich nach der Geburt unter normalen Umständen ab. Jedoch handelt es sich hierbei um eine vorzeitige Ablösung, was zu einem akuten Sauerstoffmangel beim Kind führen kann. Auch für die werdende Mutter wird es kritisch, denn sie verliert in diesem Fall sehr viel Blut.

Wodurch kann diese Komplikation hervorgerufen werden? Durch Narbengewebe in der Gebärmutter oder bestimmte Erkrankungen, die mit erhöhtem Blutdruck der Mutter einhergehen. Kommt es zu einer vorzeitigen Plazentaablösung, wird ein Kaiserschnitt vorbereitet.

Plazenta praevia

Plazenta praevia (vorliegende Plazenta oder tiefsitzender Mutterkuchen) kann eine Komplikation sein, die sich schon während der Schwangerschaft abzeichnet. Es gibt einige Fälle, bei denen der Mutterkuchen, also die Plazenta, in den Geburtskanal hineinwächst. Diese Fehllage der Plazenta kann unterschiedliche Erscheinungen mit sich bringen. Die Lage der Plazenta kann durch eine Ultraschalluntersuchung erkannt werden. Ein Anzeichen für eine Plazenta praevia sind leichte und schmerzfreie Blutungen ab dem 5. Schwangerschaftsmonat. Je nach Schwangerschaftswoche, dem Wohlergehen von Mutter und Kind und der Stärke der Blutung wird der Arzt versuchen, die Blutung zu stoppen. Sollte Deine Partnerin diese Komplikation zeigen, wird vermutlich Bettruhe veranlasst. Die Plazenta praevia kann in einem der schlimmeren Szenarien zu einer vorzeitigen Plazentaablösung führen.

Schlussendlich darf die Plazentainsuffizienz noch besprochen werden. Hierbei wird Euer Kind nicht mehr ausreichend von der Plazenta versorgt. Dadurch kann es zu einer Sauerstoff- und Nährstoffunterversorgung kommen. Eine akute Plazentainsuffizienz kann sich innerhalb weniger Minuten oder Stunden herausbilden. Es kommt zu einer Verminderung des Blutflusses und zu einer akuten Unterversorgung. Mögliche Ursachen können eine Plazentaablösung oder ein schneller Blutdruckabfall sein. Je nach Ursache können plötzlich starke Schmerzen auftreten. Kommt es zu dieser Komplikation, muss die Schwangerschaft sofort mit einem Notfallkaiserschnitt beendet werden.

Während der Schwangerschaft kann sich eine chronische Plazentainsuffizienz über Wochen oder Monate entwickeln. Ursache können verschiedene Erkrankungen der Mutter sein. Dazu gehört auch Diabetes oder Bluthochdruck. Mehrlingsschwangerschaften und der Konsum von Alkohol oder Zigaretten können dieses Risiko verstärken. Oftmals reicht es bei der chronischen Form aus, die Grundstörung (z. B. Bluthochdruck) zu behandeln.

Komplikationen durch die Geburtslage

Natürlich kann auch die Geburtslage des Kindes eine Komplikation hervorrufen. Die normale Geburtslage des Kindes ist die Schädellage. Rund 95 % aller Kinder drehen sich während der Schwangerschaft in diese Position. Es kann jedoch auch zu anderen

Lageentwicklungen kommen. Einige dieser Geburtslagen möchte ich Dir vorstellen:

Beckenendlage: Bei der Beckenendlage liegt Euer Kind mit dem Steiß zur Geburtsöffnung, also mit dem Kopf nach oben. Viele Ärzte empfehlen bei einer solchen Lage die äußere Drehung des Kindes zum Ende der Schwangerschaft. Dabei wird versucht, Euer Kind durch äußere Handgriffe zu drehen. Voraussetzung dafür ist eine gute Bewegungsfreiheit. Man kann Kinder auch in dieser Lage natürlich zur Welt bringen. Kommt es jedoch zum Abfallen der Herztöne bei der Geburt, muss ein Kaiserschnitt vorgenommen werden.

Querlage: Befindet sich Euer Kind in der Querlage, dann ist eine natürliche Geburt vollkommen ausgeschlossen. Stellen sich die Wehen ein, wird sich immer die Schulter in den Beckenbereich einfinden, wodurch keine normale Geburt möglich wird. Ein Kaiserschnitt ist hier die Lösung.

Schräglage: Die Schräglage ist eine weitere Geburtslage, die jedoch dramatischer klingt, als sie ist. Die meisten Kinder drehen sich beim Einsetzen der Wehen oftmals in die Beckenendlage oder die Schädellage. Wird auch hier keine optimale Geburtslage festgestellt, entscheiden sich sehr viele Ärzte für einen Kaiserschnitt.

Saugglocken- oder Zangengeburt

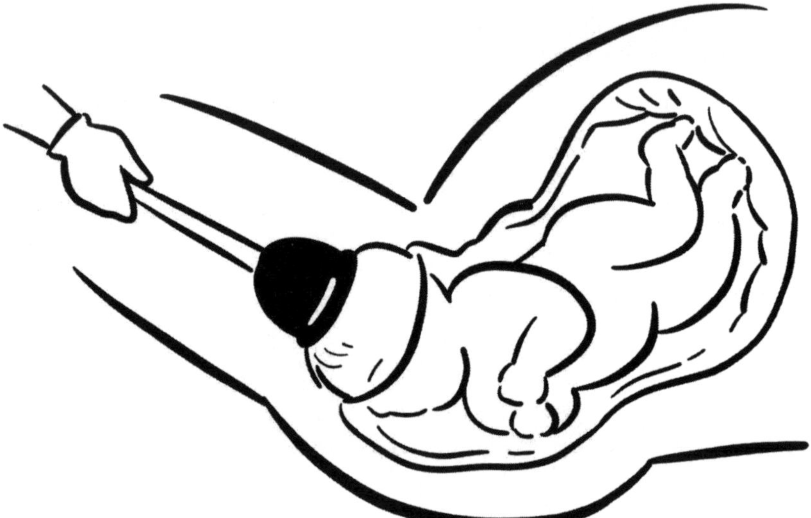

Wir hatten im Rahmen der Komplikationen bereits über die Saugglocken- und Zangengeburt gesprochen. Sie wird vor allem bei Nabelschnurkomplikationen eingesetzt. Für viele Paare ist das eine vollkommen befremdliche Vorstellung. Deswegen möchte ich Dir hier einige zusätzliche Informationen geben, damit Eure Bedenken verringert werden.

Wann wird eine Saugglocken- oder Zangengeburt durchgeführt? Die Geburtszange oder Saugglocke kommen erst dann zum Einsatz, wenn es zum Ende der Geburt Komplikationen gibt. Beispielsweise wenn die Geburt in der Austreibungsphase stockt oder wenn die Herztonfrequenz Eures Kindes darauf hindeuten lässt, dass ein Sauerstoffmangel vorliegt. Es gibt Umstände, in denen die Gebärenden nicht aktiv mitpressen können. Liegt ein Herzfehler oder eine ähnliche Erkrankung vor, kann das durchaus ein Grund sein, die Saugglocke oder Geburtszange anzuwenden.

Grundvoraussetzung für die Anwendung dieser beiden Instrumente sind ein vollständig geöffneter Muttermund und eine geplatzte Fruchtblase. Das Kind muss außerdem in Schädellage liegen. Der Kopf des Kindes sollte sich also bereits tief im Becken befinden. Diese Geburtsformen dürfen nur von Ärzten durchgeführt werden.

Wie wird eine Saugglockengeburt durchgeführt? Bei einer Saugglockengeburt wird eine Saugglockenschale auf den Kopf Eures Kindes aufgelegt und mit Vakuum fixiert. Parallel zu den Wehen kann der Arzt langsam beginnen zu ziehen, bis der Kopf des Kindes ausgetreten ist. Danach wird die Glocke langsam entfernt und der Rest des kindlichen Körpers kann normal geboren werden.

Wie wird eine Zangengeburt durchgeführt? Die Geburtszange besteht aus zwei löffelförmigen Hälften, welche einzeln eingeführt und um den Kopf des Kindes gelegt werden. Bei jeder Presswehe zieht der Arzt das Kind ein Stück weiter heraus. Auch hier wird nur so lange mit der Zange gearbeitet, bis der Kopf geboren wurde. Danach wird eine normale Geburt weitergeführt.

2.3 Geburtstasche/Krankenhaustasche

Zum Ende der Schwangerschaft solltet ihr Euch gemeinsam überlegen, was alles in die Kliniktasche sollte. Ihr bekommt am Ende des Buches von mir eine Checkliste, wo alles nochmals aufgeführt ist.

Der ideale Zeitpunkt, um die Kliniktasche fertig gepackt zu haben, ist die 36. SSW. Ihr müsst nicht alles auf einmal einpacken, sondern könnt Euch dafür ruhig einige Tage Zeit nehmen.

Die Kliniktasche sollte grundlegend alles Wichtige an Kleidung für die werdende Mutter und Euer Kind enthalten. Diverse Pflegeartikel sind natürlich ebenso wichtig. Viele Kliniken stellen den Müttern Windeln zur Verfügung. Möchtet ihr Eure eigenen verwenden, müssen auch diese in den Koffer. Plant am besten einen Koffer mit einem Fassungsvolumen von 30–35 Litern ein. **Am Ende des Buches findest Du die Checkliste.** Viel Spaß damit.

Ich empfehle dir, eine zusätzliche Tasche zu packen, die allein für die Geburt gedacht ist. Was darin vorhanden sein sollte:

- Bequeme Geburtskleidung (Wechselsachen)
- Musik
- Eventuell spezielle entspannende Düfte

Sehr wichtig sind:

- Mutterpass
- Einweisungsschein in die Klinik (falls vorhanden)
- Versicherungskarte
- Gültige Ausweisdokumente
- Allergiepass (falls vorhanden)

Wichtiger Fakt: *Hebammen empfehlen den werdenden Eltern, ihren Schmuck zu Hause zu lassen. Es kann zu Geburtssituationen kommen, in denen der Schmuck abgelegt werden muss. Und die meisten Kliniken haben keinen Ort, an dem man den Schmuck sicher aufbewahren kann.*

Und auch für Dich als baldigen Papa muss eine Kliniktasche gepackt werden. Das solltest Du auf keinen Fall vergessen.

- Ladekabel vom Handy
- Badehose für die Wanne (falls Wassergeburt)
- Getränke und Riegel
- Kleingeld
- Personalausweis

Kapitel 3: Die Geburt

Neigt sich die Schwangerschaft dem Ende zu, dann steht die Geburt bald an. Sicherlich steigt bei Euch die Nervosität, vor allem bei Dir. Für Dich wird sich vermutlich die Frage stellen, was genau Du bei der Geburt machen kannst. Vor allem wenn die Entscheidung auf eine Kreißsaal-Entbindung gefallen ist, muss einiges beachtet werden. Aber keine Angst, ich möchte Dir die wichtigsten Dinge mit auf den Weg geben.

3.1 Väter bei der Geburt

Für Dich wird die Geburt Deines Kindes eine enorme Erfahrung werden. Sobald die Geburt näher rückt, ist es vollkommen normal, Angst und vielleicht sogar Sorgen zu verspüren. Welche Rolle wirst Du bei der Geburt einnehmen?

Oftmals wird angekommen, der werdende Vater hat keine Aufgaben im Kreißsaal. Doch dem ist nicht so. Deine wichtigste Aufgabe wird es sein, Deine Partnerin zu unterstützen. Versuche ihr das zu geben, was sie benötigt. Bei einigen Frauen sind das Zuneigung und Körperkontakt. Andere wiederum wollen den Partner als Halt und Sicherheit bei sich spüren.

Versuche immer in der Nähe Deiner Partnerin zu sein. Entweder am Kopfende des Bettes oder an ihrer direkten Seite, wenn sie eine andere Position bei der Geburt einnehmen möchte. Achte bei der Unterstützung Deiner Partnerin immer darauf, das Personal nicht zu behindern.

Rücksichtnahme und Feingefühl sind besonders wichtig. Die Geburt ist eine Extremsituation, weswegen es durchaus sein kann, dass Du Deine Partnerin in einer anderen Art erlebst. Wichtig ist aber auch, dass Du im Kreißsaal auf Dich achtest. Es ist unbedingt wichtig, auf die eigenen Bedürfnisse zu achten.

Es ist vollkommen normal, dass auch Du während der Geburt an Deine Grenzen kommst. Deswegen darfst Du Dir Pausen gönnen und vor allem um Hilfe bitten, wenn Dir etwas über den Kopf wächst.

3.2 Wenn es losgeht – Dein kraftvolles Kapitel für starke Nerven

Wenn die Geburt wirklich beginnt, steht man erst einmal Kopf. Es gibt drei klare Anzeichen dafür, dass ihr Euch auf den Weg in die Klinik oder in das Geburtshaus machen könnt:

- Blasensprung
- Regelmäßige Wehen
- Abgang des Schleimpfropfes

Manchmal treten schon einige Tage vor der Geburt gewisse Anzeichen auf, die man so vielleicht nicht beachtet.

- Schlaflosigkeit und Erschöpfung
- Durchfall
- Verstärkte Rückenschmerzen
- Starkes Schwitzen
- Körperliche Unruhe
- Übelkeit
- Nachlassende Kindsbewegungen

Letztendlich sind es jedoch die Wehen, die meist als deutlichste Anzeichen entstehen. Bei den ersten Geburtswehen müsst ihr nicht sofort los. Oftmals dauert es noch sehr viele Stunden, bis ihr wirklich das Krankenhaus oder Geburtshaus aufsuchen müsst. Ihr könnt als Paar nun gemeinsam baden oder Euch andere tolle Momente schaffen. Sammelt Kraft und genießt die Zeit zu zweit noch einmal.

Erst wenn die Wehen alle 10–5 Minuten auftreten und jeweils eine Minute andauern, darf es losgehen. Denkt bitte an die Krankenhaustasche.

3.3 Die Phasen der Geburt

Die Geburt ist ein mehrstündiger Prozess. Dieser wird in vier Phasen eingeteilt:

- die Eröffnungsphase,
- die Übergangsphase,
- die Austreibungsphase.
- die Nachgeburtsphase.

Ich möchte Dich durch alle diese vier Phasen begleiten, damit auch Du als Vater weißt, was als nächstes passieren kann.

Die Eröffnungsphase

Die Eröffnungsphase dauert mit am längsten unter den vier Phasen. Eine genaue Zeitspanne kann man in diesem Fall nicht benennen, denn sie dauert so lange, bis der Muttermund vollständig geöffnet ist. Es können durchaus bis dahin 14 Stunden vergehen. Vor allem beim ersten Kind dauert es entsprechend lange. Dass sich die Eröffnungsphase ihrem Ende zuneigt, erkennt ihr daran, dass die Wehen alle 2–3 Minuten kommen. In dieser Phase der Geburt tritt das Köpfchen zunehmend in den Beckenbereich ein. Ist die Fruchtblase nicht schon zu Beginn der Eröffnungsphase gesprungen, dann wird dies jetzt der Fall sein.

Die Eröffnungsphase wird durch verschiedene Untersuchungen begleitet. Dazu gehört unter anderem auch die Kontrolle des Muttermundes. Auch die Vorwärtsbewegung des Köpfchens wird zunehmend durch Eure Hebamme kontrolliert. In dieser Phase kannst Du Deiner Partnerin mit unterstützenden Handgriffen helfen. Sei an ihrer Seite und versuche, sie durch Massagen oder durch Zuneigung zu beruhigen. Unterstützen können in dieser Phase:

- Atemtechniken
- Wärmende Bäder
- Fußbäder
- Unterschiedliche, wechselnde Körperhaltungen
- Entspannende Medikamente

Wichtiger Fakt: *In der Eröffnungsphase wird der Körper sehr stark beansprucht. Durch die starken Kontraktionen kann es sogar dazu kommen, dass sich Frauen übergeben müssen, weil die Wehen den Magennerv reizen. Deswegen sollten Frauen zu dieser Zeit nichts schweres oder schwer verdauliches essen. Schokolade, Müsliriegel oder Traubenzucker sollten als Snacks nicht genutzt werden, denn sie reizen den Magen zusätzlich.*

Die Übergangsphase

Nach der Eröffnungsphase folgt meist eine sehr heftige, aber schnelle Übergangsphase. Sie führt dazu, dass sich der Muttermund vollständig öffnet. Für Euch bedeutet diese Phase, dass die eigentliche Geburt kurz bevorsteht. Deine Partnerin wird vermutlich in der Eröffnungsphase eine Möglichkeit gefunden haben, mit den Wehen umzugehen. In der Übergangsphase werden die Wehen nun aber unregelmäßiger, manchmal schneller und vor allem schwerer zu veratmen. Auch in dieser Phase kann es zu Übelkeit und Zittern kommen, was aber vollkommen normal ist.

Du als werdender Vater darfst Dich an dieser Stelle auf die teilweise Verzweiflung Deiner Partnerin einstellen. Denn oftmals ist die Übergangsphase der Moment, indem die Frauen das erste Mal das Gefühl bekommen, nicht mehr zu können. Du fungierst nun als „Blitzableiter“, da sich Wut und Gereiztheit einspielen können. Mein Tipp an Dich: Schalte auf Durchzug, nimm es Deiner Partnerin nicht übel, dass sie eventuell die falschen Worte wählt.

Die Austreibungsphase

Ist der Muttermund vollständig geöffnet, beginnt die Austreibungsphase. Bei der ersten Geburt kann diese durchaus um die zwei Stunden dauern. Während dieser Phase werden die Herztöne des Kindes überwacht, um eventuell schnell eingreifen zu können, falls es zu Komplikationen kommt. Begleitet wird die Austreibungsphase von sehr starken Wehen, die meist etwas längere Pausen dazwischen haben. Der Kopf Eures Kindes wird bei jeder Wehe immer ein Stück weiter durch das Becken geschoben.

In diesen Momenten haben viele Frauen das Bedürfnis „mitzuschieben“ und sind froh darüber, das zu dürfen. Die Unterstützung des Kindes wird durch die Bauchmuskeln und die Atmung ermöglicht. Während der Presswehen kann es dazu kommen, dass der Druck auf den Darm derart groß wird, dass sich der Inhalt entleert. Mach Dich also auch auf solche Dinge gefasst. Doch das ist vollkommen normal. Die Geburtsposition in dieser Phase kann recht unterschiedlich sein. Deine Partnerin sollte die Position einnehmen, die ihr zusagt.

Die Schmerzen in dieser Phase der Geburt werden oftmals als sehr tiefgehend empfunden. Jedoch schüttet der Körper in dieser Zeit auch zahlreiche Botenstoffe aus, die den Schmerz dämpfen und die meisten Frauen in eine Art rauschähnlichen Zustand versetzen.

Nach den ersten Presswehen bleibt das Köpfchen des Kindes auch in den Wehenpausen von außen sichtbar. Erst mit der nächsten Wehe wird der Hinterkopf geboren, dann die Stirn und das Gesicht. Nach einer erneuten kurzen Pause wird dann der restliche Körper zur Welt gebracht.

Das Gesicht Eures Kindes wird von der Hebamme kurz vom Schleim befreit, damit es die Augen öffnen und Luft holen kann. Danach wird das Kind Deiner Partnerin auf die Brust oder den Bauch gelegt. Dieser Schritt ist enorm wichtig, denn durch den unmittelbaren Körperkontakt zwischen Mutter und Kind wird deren Bindung gestärkt. In Fachkreisen nennt man das Bonding.

Man geht bis heute davon aus, dass diese erste Kontaktaufnahme die zukünftige Beziehung prägt, denn es schafft bei dem Neugeborenen Vertrauen. Außerdem vermittelt das Bonding Sicherheit. Durch dieses erste Auflegen auf die Mutter wird für Euer Kind eine Zone der Sicherheit, Liebe und Geborgenheit geschaffen. Es fördert das Urvertrauen des Kindes.

Die Nachgeburtsphase

Auf die eigentliche Geburt folgt die vierte Phase. Während dieses Zeitpunktes zieht sich die Gebärmutter immer wieder stark zusammen. Durch diese Kontraktionen löst sich der Mutterkuchen. Durch Abtasten kann die Hebamme erkennen, ob sich der Mutterkuchen vollständig gelöst hat. Das ist meist nach 10 Minuten der Fall. Es folgen noch mal einige kräftige Wehen, um die Plazenta und die Eihäute aus der Gebärmutter zu schieben. Die Hebamme kann die Plazenta dann an der Nabelschnur herausziehen. Das ist nicht mit Schmerzen verbunden. Meist folgt eine größere Menge Blut, aber auch das ist normal. Durch einige weitere Nachwehen zieht sich die Gebärmutter so weit zusammen, dass die Wundfläche, an der die Plazenta hing, verdeckt wird und somit kaum mehr Blut austritt.

Nach der Geburt bleibt ihr – Du, Deine Partnerin und Euer Kind – noch zwei Stunden im Kreißsaal, um Euch kennenlernen zu können.

Wichtiger Fakt: *Im Geburtshaus wird es ähnlich ablaufen, nur in einer netteren Umgebung. Und auch zu Hause ist der Ablauf bei einer Hausgeburt gleich.*

Wenn aus der normalen Geburt eine Sturzgeburt wird

Kann aus einer normalen Geburt eine Sturzgeburt werden? Durchaus! Man spricht von einer Sturzgeburt, wenn das Kind ungewöhnlich schnell zur Welt kommt. In der Regel wird das Neugeborene innerhalb von 2 Stunden zur Welt gebracht. Verletzungen bei Mutter und Kind sind möglich.

Wie aber kommt es zu einer Sturzgeburt? Bei Frauen, die schon mehrfach ein Kind zur Welt gebracht haben, kann es durch einen leicht dehnbaren Geburtskanal zu einer Sturzgeburt kommen. Auch wenn Schwangerschaften recht schnell hintereinander entstehen und der Geburtskanal nicht ausreichend Zeit hat, sich zurückzubilden, kann dieses Risiko bestehen. Auch bei sehr starken Wehen oder wenn das Kind sehr klein ist, ist es möglich, dass sich diese Entwicklung zeigt.

Viele Frauen haben Angst vor einer Sturzgeburt, was vollkommen verständlich ist. Damit Du diese Angst verstehen kannst, möchte ich Dir in diesem Kapitel etwas mehr darüber verraten.

Ich hatte bereits erwähnt, dass eine Sturzgeburt sehr schnell gehen kann. Das heißt auch, dass der Geburtsvorgang sich beschleunigt und es zu enormen Schmerzen kommen kann. Manchmal sind auch Weichteilverletzungen nicht auszuschließen, die vor allem den Geburtskanal betreffen. Durch diese Verletzungen kann es zu starken Nachblutungen kommen.

Auch beim Kind kann eine Sturzgeburt enorme Folgen haben. Wird ein Kind zu schnell geboren, kann beispielsweise die Nabelschnur reißen. Durch eine mangelnde Druckanpassung im Geburtskanal kann es beim Neugeborenen zu einer Sauerstoffunterversorgung kommen. Nicht auszuschließen sind Verletzungen des Rumpfes, der Beine oder der Arme.

Sollte es außerhalb eines Geburtshauses oder einer Klinik zu einer Sturzgeburt kommen, dann sollten sich Schwangere unbedingt ins Bett legen, um den Sturz des Kindes bestenfalls abzufangen. Außerdem ist sofort ein Notarzt zu kontaktieren. Sollte das Kind vor Eintreffen des Notarztes geboren werden, ist es umgehend warmzuhalten.

Vielleicht fragst Du Dich nun, ob es schon in der Schwangerschaft Anzeichen für eine Sturzgeburt geben kann. Leider ist das nicht der Fall. Ihr könnt also nicht im Vorfeld erkennen, ob Euer Kind mit einer solchen Geburt das Licht der Welt erblicken wird. Bei weiteren Fragen zu diesem Thema sind Eure Hebamme oder der Arzt gute Ansprechpartner.

Was passiert mit Eurem Kind, wenn die Geburt vorbei ist?

Während der Schwangerschaft ist der Organismus der Mutter für die Versorgung des Kindes verantwortlich. Nach der Geburt muss Euer Kind die lebenswichtigen Funktionen wie Atmung, Verdauung und Stoffwechsel nun eigenständig übernehmen. Schon während der Schwangerschaft hat Euer Kind sich auf diese wichtige Aufgabe vorbereitet. Kleine Trainingseinheiten im Mutterleib sollten dafür sorgen, dass die Muskeln, welche für die Atmung verantwortlich sind, nach der Geburt auch direkt ihre Aufgabe übernehmen.

Unterschiedliche Reize sorgen direkt nach der Geburt dafür, dass Euer Kind mit der Atmung beginnt. Zwischen der Reizauslösung und der einsetzenden Atmung vergehen nur wenige Sekunden. Möglich ist das dem kleinen Organismus vor allem deswegen, weil beim Durchtritt durch das Becken Deiner Partnerin der Brustkorb so weit zusammengedrückt wird, dass fast alles an Fruchtwasser aus der Lunge gepresst wird.

Sobald der erste Atemzug gemacht wurde, stellt sich der kindliche Kreislauf ein. Die Blutgefäße, die zwischen Eurem Kind und der Nabelschnur bestehen, verschließen sich. Die Regulation der Körpertemperatur stellt den kleinen Organismus jedoch vor eine Herausforderung. Denn die Körperoberfläche ist im Gegensatz zum Körpergewicht recht groß, weswegen es schnell zu einer Überhitzung oder Auskühlung kommen kann.

Kurz nach der Geburt sind die Sinnesfunktionen jedoch schon ausgezeichnet ausgebildet. So erkennt ein Neugeborenes seine Mutter meist als Erstes am Geruch oder an der Stimme. Nach der Geburt wird Euer Kind direkt auf den Bauch oder auf die Brust Deiner Partnerin gelegt.

Erst wenn diese Phase nach einigen Minuten abgeschlossen ist, ist es Zeit für den ersten Besuch bei einem Kinderarzt. Dieser kommt meist direkt in den Kreißsaal und schaut sich das Kind an. Die Hebamme wird alle wichtigen Daten aufnehmen. Sollte sie noch mit der Mutter beschäftigt sein, dann sind Kinderkrankenschwestern zur Stelle. Bei den ersten Untersuchungen richten sich Kliniken, aber auch Geburtshäuser oder Hebammen, wenn ihr eine Hausgeburt plant, nach dem Apgar-Test. Bei diesem Test werden am Kind fünf verschiedene Merkmale untersucht, die den Gesundheitszustand des Kindes ermitteln. Diese fünf Merkmale sind:

- Atmung
- Puls
- Grundhaltung
- Aussehen
- Reflexe

Die Beurteilung erfolgt nach einem Punktesystem. Pro Kriterium können eine Hebamme oder ein Arzt 0 bis 2 Punkte vergeben. Damit sind insgesamt maximal 10 Punkte möglich. Erreicht Euer Kind eine Punktezahl von 9 bis 10, ist der Gesundheitszustand optimal. Auch bei einer Einschätzung mit 7 oder 8 Punkten könnt ihr von einem guten Gesundheitszustand ausgehen.

Ich habe Dir hier eine kleine Tabelle zusammengefasst, um die genauen Punkte besser zu verdeutlichen:

Kriterium	0 Punkte	1 Punkt	2 Punkte
• Atmung	• keine	• flach und unregelmäßig	• regelmäßig, Kind schreit eventuell
• Puls	• kein Herzschlag/Puls	• unter 100/ min	• über 100/ min
• Grundhaltung	• schlaff	• leichte Beugung der Extremitäten	• aktive Bewegungen
• Aussehen	• blass oder blau	• Extremitäten blau, Haut stramm und rosig	• gesamter Körper hat rosige Farbe
• Reflexe	• keine	• Grimassieren	• kräftiges Schreien

diese ersten Untersuchungen geschafft, wird Euer Kind direkt zur Mutter gebracht. Einige Kliniken machen die ersten Untersuchungen auch direkt, während das Kind noch an der Brust der Mutter ruht.

Dort erfolgt meist nach 20 bis 30 Minuten das erste Anlegen. Die erste Muttermilch (Kolostrum) ist sehr dickflüssig und meist gelblich. Das ist jedoch vollkommen normal. Enthalten sind besonders viel Eiweiß, Mineralien und Abwehrkörper. Sie enthält jedoch keine Fette und ist sehr leicht verdaulich. Außerdem fördert sie die erste Ausscheidung des kindlichen Stuhls.

Wichtiger Fakt: *Der erste kindliche Stuhl wird auch Kindspech genannt. Er ist meist schwarz und geruchlos. Es handelt sich hierbei um den Darminhalt, der sich während der Schwangerschaft angesammelt hat. Normalerweise wird dieser direkt nach der Geburt oder spätestens vier Tage danach ausgeschieden.*

PDA oder Homöopathie

Ich bin mir sicher, dass Du schon etwas über eine PDA (Periduralanästhesie) gehört hast. Die PDA bei der Geburt kann Deiner Partnerin dabei helfen, die starken Schmerzen zu bewältigen. Mit einer Periduralanästhesie werden die Patientinnen zum größten Teil schmerzfrei. Die PDA selber ist ein Betäubungsverfahren, welches in der Nähe des Rückenmarks angewendet wird. Damit wird die Signalweiterleitung der Nerven für eine gewisse Zeit unterdrückt.

Durchgeführt wird diese Betäubung vor allem dann, wenn die Patientin darum bittet. Es gibt allerdings noch andere Gründe, warum sich ein Arzt zu einer PDA entschließen sollte. Frauen, die eine Mehrlingsgeburt haben, wird eine PDA empfohlen. Auch bei einem Dammschnitt, der schon vorhersehbar ist, wird der Patientin diese Methode nahegelegt. Auch bei einem Kaiserschnitt kommt diese Betäubungsmethode zum Einsatz.

Bei einer PDA kann es zu Nebenwirkungen kommen, die meist mit Kopfschmerzen, Schwindel und Übelkeit einhergehen. Wird zu wenig Schmerzmittel eingesetzt, kann es zu einer unzureichenden Betäubung kommen. Sollte jedoch eine zu große Menge eingesetzt werden, führt das zu einer Lähmung der Muskeln während der Geburt. Außerdem kann es passieren, dass es beim Einspritzen des Medikaments in ein Blutgefäß zu Krampfanfällen und im schlimmeren Fall zu Herzrhythmusstörungen kommt. Das passiert jedoch sehr selten. Wichtig für Euch ist, dass ihr Euch die Vergabe einer PDA sehr genau überlegt.

Alternativ könnt ihr zur Homöopathie greifen. Es gibt einige pflanzliche Mittel, die Deine Partnerin bei der Geburt unterstützen können. Eine kleine Auswahl habe ich Dir hier zusammengestellt. Ich möchte Dich jedoch bitten, in diesem Falle immer auf den Rat der Hebamme oder des Arztes zu vertrauen und nicht ohne deren Absprache ein Medikament einzunehmen.

Homöopathisches Mittel	Wirkungsweise
• Gelsemium, Wilder Jasmin	• In der Eröffnungsphase anzuwenden, kann den Muttermund erweitern. Anregung der Wehentätigkeit.
• Chamomilla, Echte Kamille	• Für Frauen, die sehr schmerzempfindlich sind. Natürliches Schmerzmittel.
• Belladonna, Tollkirsche	• Unterstützung in der fortgeschrittenen Eröffnungsphase.
• Arnika	• Bei schmerzhaften Nachwehen ideal.

Wichtiger Fakt: *Mit dem Thema Homöopathie solltet ihr Euch auf jeden Fall befassen, wenn es Euer Wunsch ist, im Geburtshaus oder in den eigenen vier Wänden zu entbinden. Denn in beiden Fällen gibt es keine Möglichkeit, eine PDA zu legen.*

3.4 Geburtsverletzungen

Während der Geburt kann es zu sogenannten Geburtsverletzungen kommen.
Zu Geburtsverletzungen kann es an Damm, Vagina, Schamlippen, inneren Beckenmuskeln und am Muttermund kommen. Die meisten Frauen berichten nach der Geburt davon, dass sie ein Wundgefühl am Damm und der Vagina verspüren. Beide Bereiche

werden während einer Geburt enorm beansprucht. Der Grund für das Wundgefühl sind winzige Faserrisse im Gewebe.

Während der Geburt, wenn das Gewebe enorm gedehnt wird, kann es zeitgleich zu Blutergüssen kommen. Reißen unter der Geburt Blutgefäße oder werden diese beschädigt, fließt das Blut in das umliegende Gewebe. Es kommt zu einem Bluterguss. Die meisten dieser Hämatome sind nicht sichtbar. Deine Partnerin wird sie aber vermutlich verspüren, sobald sie steht oder sitzt. Diese leichten Blessuren heilen mit der Zeit und benötigen meist keine weitere Behandlung.

Jedoch kann es auch während der Geburt zu Rissverletzungen kommen. Am bekanntesten ist vermutlich der Dammriss. Aber keine Angst, nur sehr wenige Frauen erleiden einen schweren Dammriss.

Unterschied zwischen Dammriss und Dammschnitt

Das empfindliche Gewebe zwischen Vagina und After wird bei der Geburt massiv gedehnt und kann durchaus einreißen. Man unterscheidet bei einem Dammriss verschiedene Schweregrade.

__Grad 1__

- **Oberflächliche Risse.**
- **Je nach Größe werden diese unter lokaler Betäubung mit einer kleinen Naht verschlossen.**

__Grad 2__

- **Risse in der Haut und in der oberflächlichen Dammmuskulatur.**
- **Verletzungen werden unter lokaler Betäubung genäht.**

__Grad 3__

- **Teilweise oder auch vollständiges Reißen des Schließmuskels.**
- **Wird unter lokaler Betäubung genäht. In sehr seltenen Fällen muss eine OP unter Vollnarkose stattfinden.**

__Grad 4__

- **Einreißen der Dammschleimhaut und Verletzung des Schließmuskels.**
- **Verletzungen werden meist unter Vollnarkose genäht.**

Um ein unkontrolliertes Einreißen des Damms zu vermeiden, kann man sich dazu entscheiden, den Damm einzuschneiden. Das passiert meist unter einer Presswehe. Der Dammschnitt soll als vorbeugende Maßnahme dienen, um einen Dammriss des 3. oder 4. Grades zu vermeiden. Unter der Geburt wird Deine Partnerin den Schnitt nicht spüren. Jedoch empfinden viele Frauen die Heilungsphase als unangenehm.

Wichtiger Fakt: *Um diesen Verletzungen vorzubeugen und vor allem einen Dammriss zu vermeiden, könnt ihr vor der Geburt bereits mit einer Dammmassage beginnen. Auch während der Geburt kann einiges getan werden. So spielt die Geburtsposition eine massive Rolle. Liegt die Frau in der klassischen Position, also auf dem Rücken, ist die Belastung auf den Damm am höchsten. Sprecht am besten mit der Hebamme über diese Dinge.*

Kann Deine Partnerin Geburtsverletzungen vorbeugen?

Nicht bei jeder Geburt kommt es sofort zu den benannten Geburtsverletzungen. Faktoren wie Gewicht, Lage und Kopfumfang des Kindes spielen eine enorme Rolle dabei. Aber auch die Geburtsgeschwindigkeit oder die Dehnbarkeit des Dammes haben Einfluss auf eventuelle Verletzungen.

Geburtsverletzungen lassen sich entsprechend vorbeugen. Bereits vor der Geburt kann Deine Partnerin mit einer Dammmassage beginnen, um die Dehnbarkeit des Dammes zu erhöhen. Diese

Methode beugt vor allem einem Dammriss vor. Die Dammmassage ist natürlich keine Garantie dafür, dass es zu keinem Dammriss kommt, jedoch erhöht die Massage die Dehnbarkeit des Gewebes und macht es geschmeidiger. Es reicht jedoch vollkommen aus, wenn ihr mit der Dammmassage ab der 36. SSW beginnt. Die Massage muss Deine Partnerin auch nicht allein durchführen, sondern ihr könnt diese gemeinsam bewältigen.

Wollt ihr wissen, wie genau die Massage funktioniert, dann lasst Euch die Technik am besten von einer Hebamme zeigen. Verletzungen lassen sich allerdings auch während der Geburt vorbeugen. Eine große Rolle spielt die Geburtsposition. In Seitenlage oder dem Vierfüßlerstand ist der Druck auf den Damm am geringsten.
Zu einer Geburtsverletzung kommt es meist in der Austreibungsphase. Also wenn das Köpfchen geboren wird. In dieser besonderen Phase schützt auch die Hebamme den Damm vom außen.

3.5 Einleiten der Geburt

Lässt die Geburt auf sich warten, kann diese eingeleitet werden. Was heißt es, wenn die Geburt bei Deiner Partnerin eingeleitet wird? Rückt der errechnete Geburtstermin näher und tut sich einfach nichts, dann versuchen die Ärzte, die Geburt künstlich anzuschieben. Meist wird das mit Medikamenten erfolgreich ermöglicht.
Bevor wir uns mit dem Thema Geburtseinleitung befassen, möchte ich Dir kurz einige Informationen

mit auf den Weg geben, ob eine Terminüberschreitung gefährlich ist. Wer im Internet nach dieser Problematik sucht, der wird verschiedene Studien finden, die sich mit den Gefahren einer Terminüberschreitung befassen. Diese gehen davon aus, dass sich bei einer Überschreitung des Geburtstermins prozentual die Totgeburten häufen. Bis heute wurden diese Studien nicht bewiesen. Totgeburten in dieser Phase der Geburt sind enorm selten.

Viele Frauen, die über ihrem errechneten Geburtstermin sind, berichten sehr oft davon, dass die Schwangerschaft entsprechend beschwerlich wird. Auch die Wartezeit kann zermürbend sein. Deswegen entscheiden sich auch immer mehr Frauen für eine Einleitung. Für Dich und Deine Partnerin ist es empfehlenswert, diese Option gemeinsam zu besprechen.

Es gibt natürlich Momente in einer Schwangerschaft, die das Einleiten erfordern. Ein solcher Moment kann beispielsweise der Verdacht oder die Bestätigung einer Schwangerschaftsvergiftung sein. Auch bei Schwangerschaftsdiabetes wird manchmal aus ärztlicher Sicht dazu geraten, die Geburt einzuleiten.

Damit ihr mit der richtigen Basis an Eure Überlegungen rangeht, möchte ich Euch die Vorteile und die Nachteile mit auf den Weg geben.

Vorteile	Nachteile
• Man verhindert mit dem Einleiten der Geburt das Übertragen des Kindspechs in das Fruchtwasser. Dieser Vorgang kann für das Kind enorm belastend sein.	• Es kann zu intensiveren Wehen oder Schmerzen kommen.
• Es wird verhindert, dass die Schwangerschaft für Kinder zu lange dauert. Das ist erkennbar an runzeliger Haut. Eine zu lange Schwangerschaft kann auch für das Kind enorm belastend sein.	• Es können weitere wehenfördernde Maßnahmen erforderlich sein. Wodurch natürlich auch eine Belastung für die werdende Mutter besteht.
• Mit der Einleitung der Geburt wird die Wahrscheinlichkeit eines Kaiserschnitts verringert.	• Oftmals ist eine intensivere Überwachung der Geburt durch CTG und andere Methoden erforderlich.
• Für die Schwangere wird die emotionale Belastung verringert, die sich auch auf das Ungeborene übertragen kann.	• Es besteht die Gefahr, dass durch das Einleiten der Schwangerschaft eine vaginal-invasive Methode, also eine Geburt mittels Saugglocke oder Zange, notwendig wird.

Das Einleiten der Geburt erfolgt immer unter ärztlicher Aufsicht. Dazu werden Deiner Partnerin verschiedene Medikamente verabreicht, die eine Wehentätigkeit anregen oder auslösen sollen. Das Einleiten kann mehrere Behandlungen mit sich bringen. Es muss also nicht direkt erfolgen. In dieser Zeit muss Deine Partnerin stationär aufgenommen werden.

Ein weiterer Weg zur Einleitung ist der mechanische Ablauf. Das klingt sehr technisch, ist es aber nicht. Verwendet werden kann beispielsweise ein Ballonkatheter. Dieser wird in die Nähe des Muttermundes gebracht und mit Kochsalz gefüllt. Durch die Dehnung reagiert der weibliche Körper mit der Ausschüttung von Prostaglandinen, was den Muttermund reifen lässt. Während dieser Behandlung kann der Schwangeren ein weiteres Medikament verabreicht werden.

Ist der Muttermund bereits gereift und hat sich lediglich die Fruchtblase noch nicht geöffnet, dann kann man dies mechanisch übernehmen. Für Euch enorm wichtig ist die Beratung durch einen Arzt und durch die Hebamme. Lasst Euch auf keinen Fall verunsichern, weil Euer Kind auf sich warten lässt.

Wehen fördern auf natürliche Weise

Wehen lassen sich auch auf natürliche Weise fördern. Rückt der Geburtstermin näher, dann kann die werdende Mutter also aktiv eingreifen. Auch hier empfehle ich Euch die Absprache mit Eurer Hebamme oder dem Arzt. Ich möchte Euch eine kleine Liste mitgeben, welche Lebensmittel oder Methoden als wehenanregend gelten:

- Himbeerblättertee
- Zimt
- Ingwer
- Nelken
- Nachtkerzenöl
- Wärme
- Bewegung
- Bauchmassagen
- Geschlechtsverkehr
- Scharfes Essen
- Treppen steigen
- Akupunktur (bitte nur vom Profi machen lassen)

Kapitel 4: Alles für Euer Kind

Schön während der Schwangerschaft könnt Ihr Euch auf Euer Kind einstellen. Das heißt auch, dass eine Erstausstattung erfolgen sollte. Hier sind sehr viele Eltern maßlos überfordert. Denn sie wissen einfach nicht, was wirklich benötigt wird. Selbstverständlich sollten die Utensilien für die Kliniktasche gekauft werden. Dazu habe ich Dir am Ende des Buches eine Liste zusammengetragen, was alles eingepackt werden muss.

Ein Neugeborenes benötigt natürlich verschiedene Dinge. Begonnen bei einer Babyschale über einen Kinderwagen bis hin zu Kleidung und Pflegeutensilien. Ich möchte Dir nachfolgend eine kleine Checkliste zusammenstellen, was Du und Deine Partnerin je nach Jahreszeiten Sommer und Winter benötigen werdet. Es folgen weitere Checklisten, die sich um die Pflegematerialien und andere Dinge drehen.

Babyausstattung im Winter

Bitte beachtet beim Einkaufen der Erstausstattung immer, dass ihr nicht zu viel einkauft. Warum gebe ich Euch diesen Rat? Kinder wachsen sehr schnell, weshalb sie vermutlich in den ersten Wochen nach der Geburt bald neue Bekleidung benötigen. Da vor der Geburt nur abgeschätzt werden kann, wie groß Euer Kind wird, sollte die erste Babykleidung immer in den Größen 50–62 erworben werden.

Checkliste für den Einkauf:

Die Kleidung, die Ihr erwerbt, muss die Größen 50–62 abdecken. Bitte wascht alle Kleidungsstücke mit einem neutralen Waschpulver und ohne Weichspüler, bevor diese in Gebrauch sind. Möchtet ihr nicht zu oft waschen müssen, dann könnt ihr mehr der einzelnen Produkte kaufen. Vor allem Bodys und Strampler sind meist sehr stark in Gebrauch. Es kommt eventuell vor, dass am Tag mehrfach das Outfit gewechselt werden muss.

Tipp: Solltet ihr als Familie unterwegs sein, ist es zu empfehlen, in der Wickeltasche immer ein komplettes Wechseloutfit dabei zu haben.

- 5 bis max.10 Bodys
- 5 bis max.10 dicke Strampler (alternativ (Pump-)Hosen)
- 5 bis max.10 Shirts (langärmlig)
- 3 bis 5 dicke Pullover
- 3 bis 5 dicke Jäckchen
- 4 bis 6 Paar dickere Söckchen (diese werden über die Strampler angezogen)
- 3 bis 6 dicke Strumpfhosen
- 3 bis 6 Strumpfhosen (dicke und dünne)
- 4 bis 6 Schlafanzüge
- 2 Schlafsäcke für den Winter
- 1 Winteranzug oder 1 dicke Jacke
- 1 bis 3 Wintermützen
- 1 bis 2 Halstücher
- 1 bis 2 Paar Fäustlinge (gefüttert)

Babyausstattung für die Sommermonate

Für den Sommer braucht es in der Grundausstattung die gleichen Kleidungsstücke, also Strampler, Bodys usw., jedoch unterscheiden sich die weiteren Bekleidungsstücke. Auch hier gilt, wenn ihr weniger oft waschen wollt, dann kauft mehr als in der Liste angegeben. Die Bekleidung für Euer Kind sollte in den Größen 50–62 erworben werden.

Tipp: Ich empfehle Euch auch im Sommer ein Wechseloutfit mit in die Wickeltasche zu legen.

Checkliste für den Einkauf:

- 5 bis max. 10 Bodys
- 5 bis max. 10 Strampler oder (Pump-)Hosen
- 5 bis max. 10 T-Shirts
- 3 bis 5 dünne Pullover
- 3 dünne Jacken
- 6 bis 7 Paar dünne Socken
- 4 bis 7 dünne Strumpfhosen
- 4 bis 6 Schlafanzüge
- 2 Schlafsäcke für den Sommer
- 1 Erstlingsmütze
- 1 Jacke (dünn)
- 1 Sonnenhut oder eine dünne Mütze

Wichtiger Fakt: *Wird Euer Kind im Frühjahr oder in den Herbstmonaten geboren, dann empfiehlt sich eine Mischung aus beiden Einkaufslisten zu wählen, da sowohl dickere als auch dünnere Kleidung benötigt wird.*

Pflegeprodukte für einen Säugling

Zur Erstausstattung gehören natürlich nicht nur Kleidungsstücke, sondern auch eine ganze Reihe von Pflegeprodukten. Einen größeren Verbrauch werdet ihr vermutlich bei Windeln und Feuchttüchern haben. Markenempfehlungen möchte ich Dir und Deiner Partnerin an dieser Stelle keine aussprechen, denn jedes Elternpaar legt auf andere Dinge wert. Deswegen empfehle ich Euch, einfach in eine Drogerie zu gehen und Euch die Produkte anzusehen. Es gibt auch online einige nette Angebote, die man eventuell bei der Auswahl in Betracht ziehen kann.

Die Pflegeprodukte unterteile ich für Euch in Wickelutensilien und normale Pflegeprodukte.

Checkliste für Produkte für das Wickeln

- Eine dünne Decke als Auflage für die Wickelunterlage
- Windeln
- Feuchttücher
- Wundschutzcreme
- Babyöl
- Pflegecreme für den rechtlichen Körper

Wichtiger Fakt: *Bei den Windeln dürft ihr zwischen Einweg und Mehrweg unterscheiden. Es hört sich seltsam an, ist aber tatsächlich so. Es gibt eine Auswahl von Einwegprodukten, die also nach dem Gebrauch entsorgt werden. In diesem Fall ist Euch ein guter Windeleimer zu empfehlen. Alternativ können Du und Deine Partnerin sich auch für die Mehrwegmaterialien entscheiden. Das sind spezielle Windeln, die man in der Waschmaschine reinigt. Die Windeln für die ersten Monate sollten immer für die Gewichtsklasse 2–6 kg gekauft werden. Um Euch einen regelmäßigen Nachschub zu bieten, könnt ihr die Abo-Angebote vieler Hersteller nutzen.*

Checkliste für allgemeine Pflegeprodukte

- 1 bis 3 Baby-Handtücher (gibt es auch mit Kapuzen)
- 5 bis 7 Waschlappen
- Babybadewanne
- Eventuell ein Nasensauger
- Thermometer (Bade- sowie Fieberthermometer)
- Nagelschere (gibt es speziell für Babys)
- Haarbürste (mit weichen Borsten, es gibt spezielle Babybürsten)

Produkte für unterwegs

Auch für unterwegs benötigt ihr einige Produkte, begonnen mit der Babyschale und dem Kinderwagen. Bei beiden Produkten empfehlen sich Besuche bei einem Babyausstatter, um die Vielfalt der Modelle besser überblicken zu können. Außerdem habt ihr dadurch die Möglichkeit, Euch beraten zu lassen.

Der Kauf im Internet ist selbstverständlich möglich. Jedoch werfen die Kinderwägen und auch die Babyschalen manchmal Fragen auf, die man so nicht beantwortet bekommt. Eine der beliebteren Fragen ist: Passt das Kinderwagenmodell nach dem Zusammenklappen in das Auto?

Ich empfehle Euch, vor dem Kauf alle relevanten Fragen aufzuschreiben und diese vor Ort zu stellen. Zusätzlich könnt ihr beim Kauf direkt das Kinderwagenmodell ausprobieren.

Checkliste für Utensilien für unterwegs

- Decke für den Sommer (leichtes Material)
- Warmer Winterfußsack für den Kinderwagen
- Kinderwagen
- Regenschutz und Sonnenschutz für den Kinderwagen
- Sonnenschutz für Euer Auto
- Tragesystem oder Tuch
- Wickeltasche (alternativ: Wickelrucksack)
- Babyschale

Möbel und andere Ausstattung für Zuhause

Mit der Anschaffung von Kleidung und Kinderwagen bzw. Pflegeutensilien hört die Liste der Erstausstattung leider noch nicht auf. Auch im Bereich der Möbel muss noch einiges organisiert werden.

Checkliste für den Möbeleinkauf und das Zubehör

- Beistellbett oder Babybett (hier entscheidet der eigene Platzbedarf, weil Euer Kind die ersten Wochen bei Euch im Schlafzimmer verbringen wird)
- Matratze und Matratzenschoner
- Stubenwagen (alternativ: Wiege)
- Matratze für Stubenwagen oder Wiege plus Matratzenschoner
- 2 wasserdichte Matratzenauflagen
- 2 Bezüge für Kopfkissen und Decke
- 2 Bettlaken
- Kopfkissen und Decke, falls keine Schlafsäcke angeschafft werden
- Kleiderschrank (alternativ: Kommode)
- Wickeltisch plus Wickelunterlage
- Heizung/Strahler für den Wickeltisch
- bei Bedarf Windeleimer

Produkte für die Nahrungsaufnahme des Neugeborenen

Kommen wir zu den Dingen, die ihr für die Ernährung Eures Kindes anschaffen müsst. Auch hier kommen noch einige Anschaffungen auf Euch zu, auch wenn diese teilweise für Mutter und Kind sind.

Checkliste für den Einkauf der Produkte:

- Stillkissen (wird gerne von den Müttern schon während der Schwangerschaft verwendet, um eine bessere Schlafposition zu finden)
- 2 bis 3 Still-BHs
- Stilltee (möglichst auf Bio-Qualität achten)
- Pre-Nahrung (Ersatzmilch, falls das Stillen nicht funktioniert)
- Milchpumpe (elektrisch oder manuell)
- Behälter zum Aufbewahren der Milch
- Stilleinlagen
- Salbe für wunde Brustwarzen
- 4 bis 7 Babyfläschchen
- 4 bis 7 Flaschensauger in Größe 1
- Schnuller (es gibt spezielle Schnuller, die vor allem gegen Koliken helfen sollen)
- Schnullerkette
- Diverse Moltontücher
- Flaschenbürste
- Sterilisator zum Reinigen der Flaschen (alternativ kann man die Flaschen auch normal abkochen)

Wichtiger Fakt: *Beim Einkauf der Still-BHs sollten werdende Mütter diese immer zwei Nummern größer kaufen als ihre bisherige BH-Größe. Denn die Brust wächst durch die Milchproduktion, wodurch normale BHs nicht mehr passen.*
Beim Einkauf der Pre-Nahrung sollte man immer mit einer Hebamme sprechen. Diese kann wertvolle Tipps geben, welche Nahrung besonders schonend für die Verdauung ist.

Weiteres wichtiges Zubehör zur Erstausstattung

Schlussendlich gibt es noch weiteres Zubehör, welches Ihr beim Einkauf direkt mitnehmen könnt. Ein Babyfon ist beispielsweise unumgänglich. Hier gibt es verschiedene Modelle. Ich rate werdenden Eltern immer dazu, sich zu fragen, was man wirklich braucht. Was ist Euch bei einem Babyfon wichtig?

Wichtig ist, dass ein Babyfon die Geräusche und auch ein Bild vom Kinderzimmer oder dem Babybett überträgt. Auch eine entsprechend hohe Empfangsreichweite ist enorm wichtig, damit das Babyfon auch wirklich überall im Haus genutzt werden kann. Ich empfehle immer noch eine hohe Akkulaufzeit. Denn oftmals ist es doch so, dass die Empfangsstationen leer sind, wenn man sie braucht. Eine lange Akkulaufzeit kann dieses Problem beheben oder zumindest minimieren.

Viele Eltern wollen gerade für die erste Zeit optimal ausgestattet sein. Deswegen werden Spieluhren und kleinere Spielzeuge mit auf die Liste gesetzt. Beim

Einkauf solltet ihr aber unbedingt auf schadstofffreie Produkte achten, vor allem, was Beißringe und anderes Spielzeug angeht.

Kapitel 5: Behörden und Papierkram

Schon während der Schwangerschaft müsst ihr Euch mit verschiedenen Behördengängen auseinandersetzen. Die meisten Behörden bieten Formulare mittlerweile zum Download an, sodass die Besorgung und das Versenden dieser Formulare für Euch vereinfacht wird. Ich habe Euch an dieser Stelle eine Liste zusammengestellt, die alle wichtigen Informationen enthält.

Behördentermine vor der Geburt

Vor der Geburt sollten noch einige Termine bei Euch auf dem Plan stehen. Dazu gehört unter anderem die Beantragung von Mutterschaftsgeld bei der Krankenkasse. Da zusammen mit zahlreichen Anträgen weitere Dokumente einzureichen sind, würde ich Euch empfehlen, alle wichtigen Termine zu bündeln, die Unterlagen vorher zusammenzusuchen und die Beantragung möglichst gleichzeitig zu erledigen, sofern dies aufgrund der jeweiligen Fristen möglich ist.

Vor der Geburt beantragen müsst ihr:

- Mutterschaftsgeld
- Vaterschaftsanerkennung
  (bei unverheirateten Paaren)

Das sind die wichtigsten Dinge, die Ihr unbedingt erledigen müsst.

Behördentermine nach der Geburt

Nach der Geburt fällt sofort die Beantragung der Geburtsurkunde an. Das kannst Du unter Umständen auch ohne Deine Partnerin machen. Die Frist liegt bei 5 Tagen nach der Geburt. Die Geburtsurkunde ist für darauffolgende Termine enorm wichtig.

Nach der Geburt muss die Elternzeit beantragt werden. Das geht circa 7 Wochen vor der geplanten Zeit.

<u>Beantragen müsst ihr:</u>

- Elternzeit
- Geburtsurkunde
- Krankenversicherung für Euer Kind
- Elterngeld
- Kindergeld

Und was ebenso wichtig ist: Ihr müsst Euer Kind beim Einwohnermeldeamt eintragen lassen. Auch das erfolgt natürlich nach der Geburt.

Checkliste für wichtige Ämter und Behörden

Hier findest Du alles Wichtige zu den Themen Ämter und Behörden:

Was	*Wo*	*Wann*	*Unterlagen*
• Elternzeit	• Arbeitgeber	• Ca. 7 Wochen vor der geplanten Elternzeit	• Dauer der Elternzeit
• Mutterschaftsgeld	• Krankenkasse	• 7 Wochen vor dem Geburtstermin	• Bescheinigung über die Schwangerschaft durch den Frauenarzt • Antrag der Krankenkasse

Kapitel 6: Die ersten Tage zu Hause

Habt ihr gemeinsam das Krankenhaus oder das Geburtshaus verlassen, dann folgt jetzt die wunderbare Zeit zu Hause. Sie wird für Dich und auch Deine Partnerin sehr prägend werden. Was erwartet Euch nun? Was passiert jetzt? Diese Fragen werden nun in diesem letzten Kapitel beantwortet, bevor ich Euch mit Eurem Glück alleine lasse. Vielleicht ist Deine Partnerin aktuell, während Du dieses Kapitel liest, noch schwanger. Dann kannst Du Dich schon jetzt auf die Zeit nach der Geburt freuen.

6.1 Mit viel Ruhe und Nähe

Während ihr in der Klinik wart, hattet ihr einen geschützten Raum. Sobald Ihr jedoch zu Hause seid, wird der Alltag Euch einholen. Dir als Vater empfehle ich Urlaub. So kannst Du die intensive Zeit miterleben.

Ein Tipp vieler Hebammen ist es, die ersten Tage in kompletter Ruhe zu genießen. Es wird außerdem empfohlen, dass frischgebackene Eltern nicht sofort in den Alltag übergehen, sondern sich 1 bis 2 Wochen zu Hause einkuscheln. Das ist natürlich nicht immer leicht. Denn Eltern und Freunde oder Verwandte wollen das neue Familienmitglied kennenlernen. Das ist auch vollkommen verständlich. Doch hier solltet ihr gemeinsam Prioritäten setzen. Ihr müsst nicht sofort alle Erwartungen erfüllen. Und auch das Telefon kann einige Zeit unbeachtet bleiben, ebenso der Haushalt. Nehmt Euch die Zeit, die ihr als kleine Familie braucht. Euer Kind wird in der ersten Zeit sehr viele Kuscheleinheiten und direkten Hautkontakt benötigen. Und natürlich viel Schlaf.

Rhythmus von Kindern

Weil wir gerade zusammen über die neuen Lebensabschnitte sprechen, wollen wir uns auch gleich den Schlafrhythmus genauer ansehen. Neugeborene schlafen bis zu 14 Stunden am Tag. Das hört sich erst einmal nach einer ganzen Menge an, ist aber vollkommen normal. Denke bitte daran, dass jedes Kind unterschiedlich ist, weswegen es hier ganz individuelle Rhythmen gibt. Es ist also durchaus möglich, dass Kinder in dem Alter „nur“ 9 Stunden schlafen.

Neugeborene schlafen tagsüber etwa 2–4 Stunden am Stück. Nachts liegt der Schlafbedarf meist bei 4–6 Stunden. 6 Stunden sind aber eher eine Seltenheit in der Nacht. Je älter Euer Kind wird, desto länger werden die nächtlichen Schlafphasen dauern. Gerade am Anfang solltet ihr Euch nicht zu sehr an diese Daten halten. Der Schlaf- und Wachrhythmus muss sich erst einpegeln. Manchmal möchte ein Kind gerade die ersten Tage nach der Geburt mehr Körperkontakt, wodurch es besser schläft, wenn die Eltern in der Nähe sind.

Tabelle zu Schlafempfehlungen bei Babys

Alter	0 Monate	1 Monat	3 Monate
Anzahl der Schläfchen		3 Stunden	3 Stunden
Tagesschlaf		6–7 Stunden	5–6 Stunden
Nachtschlaf		8,5 Stunden	10–11 Stunden
Gesamt	16–17 Stunden	15–16 Stunden	14–15 Stunden

Neugeborene schlafen bis zu 18 Stunden am Tag, wobei diese auf 6–7 kürzere Phasen aufgeteilt sein können.

Welche U-Untersuchungen sind nach dem Klinikaufenthalt wichtig?

Habt Ihr Euer Kind in der Klinik bekommen, dann wird die erste U-Untersuchung bereits dort gemacht. Die U2 erfolgt dann zwischen dem 3. und 10. Lebenstag. In der 4.–5. Lebenswoche wird dann die U3 fällig. Weiter geht es dann mit der U4 im 3.–4. Lebensmonat.

Es ist enorm wichtig, die einzelnen U-Untersuchungen in den jeweiligen Lebensspannen stattfinden zu lassen, um die Früherkennung von Erkrankungen zu gewährleisten. Für die Untersuchungen geht ihr zu einem Kinderarzt.

Die ersten Leiden behandeln

In den ersten Wochen kann Euer Kind immer mal wieder an Koliken leiden. Das ist nicht weiter gefährlich, aber unangenehm. Gelegentlich entwickelt sich daraus eine 3-Monats-Kolik. Erkennen kann man die 3-Monats-Kolik laut Ärzten und Hebammen daran, dass ein Kind mehr als 3 Stunden am Tag an mehr als 3 Tagen in einer Woche und mehr als 3 Wochen lang schreit. Viele Kinder ziehen beim Schreien die Beine an den Körper und man hört deutlich ein Gluckern im Bauch. Um Euer Kind davor zu bewahren, kann es bereits helfen, dass die Mama auf das Essen achtet, während sie stillt. Vor allem blähende Produkte wie Hefe, Kohl, Knoblauch oder auch scharfe Lebensmittel sollten vermieden werden. Denn die Mutter gibt sehr viele Dinge durch das Stillen an das Kind weiter.

Bestehen die 3-Monats-Koliken, dann kann Fenchel- und Kümmeltee helfen. Auch leichte Bauchmassagen sind für Euer Kind sehr angenehm. Der Körperkontakt zu den Eltern ist zunehmend eine Erleichterung für Euer Kind. Nehmt Euch also die Zeit dafür. Sollten sich die Koliken nicht verbessern, kann auch der Gang zum Arzt für Unterstützung sorgen.

Gelegentlich leiden Babys unter einem wunden Po. Auch hier könnt Ihr selber etwas tun. Kamillenbäder beruhigen die wunden Stellen und unterstützen bei der Heilung. Auch die richtige Creme ist eine gute Hilfe. Hebammen empfehlen den Müttern, sofern diese stillen, etwas Muttermilch zu verwenden. Auch diese kann mit ihren Bestandteilen die wunden Stellen bei der Heilung unterstützen.

6.2 Wie kann ich meine Partnerin unterstützen?

In der ersten Phase nach dem Krankenhausaufenthalt, aber auch später solltest Du Deine Partnerin unterstützen. Es gibt das Sprichwort: „Schlafe, wenn Dein Kind schläft." Und genau das sollte Deine Partnerin auch gelegentlich tun. Durch die Geburt und das Stillen ist Deine Partnerin noch einige Zeit erschöpft. Nutze diese Gelegenheit und manage den Haushalt.

Entlaste sie, indem Du ihr das Gefühl gibst, sich nicht zweiteilen zu müssen. Das Schwingen des Kochlöffels kann Deine Partnerin auch unterstützen.

Sorge Du also für den Einkauf und das Kochen. Helfen kannst Du ihr allerdings auch, wenn Du Ihr etwas Zeit im Badezimmer einräumst. Habe ein Auge auf Euer Kind, während Deine Partnerin sich im Bad kurz um ihre eigenen Bedürfnisse kümmert. Mit diesen einfachen Dingen kannst Du bereits sehr viel Last von ihren Schultern nehmen.

Schlusswort

Ich hoffe, dieses Buch hat Dir zugesagt und Du konntest einige Informationen mitnehmen. Bevor ich mich von Dir verabschiede, noch ein letzter Rat: Genieße diese aufregende Zeit, denn sie wird Dir immer in Erinnerung bleiben.

Abschließend möchte ich Dir noch sagen, dass es vollkommen normal ist, auch als Mann überfordert zu sein oder Angst zu haben. Gehe offen mit Deinen Gefühlen um. So kannst auch Du Dich von Beginn an auf dieses kleine Wunder einlassen.

Checkliste Kliniktasche

Das ist eine allgemeine Checkliste. Ich empfehle Dir, zusätzlich eine kleine Tasche zu packen, die speziell für die Geburt gedacht ist.

Kleidung für die Mama:

- 2–3 Pyjamas (achtet darauf, dass die Schlafanzüge eine Öffnung zum Stillen haben, beispielsweise eine Knopfleiste)
- 4 Paar Socken
- Rutschfeste Hausschuhe
- 1–2 Still-BH
- Hosen (Jogginghosen sind ideal, die aus dem 6. Monat müssten passen)
- Ausreichend Baumwollslips/-unterhosen (diese müssen eventuell weggeschmissen werden, da es zu Wochenbett-Missgeschicken kommen kann)
- Stillshirts
- 1–2 Pullover (je nach Wetterlage)
- 1 Bademantel
- Bequeme Kleidung für die Fahrt nach Hause

Achtung: Es ist empfehlenswert, Unterwäsche einzupacken, die etwas weiter ist. Kommt es zu einem Kaiserschnitt, trägt sich diese angenehmer.

Hygieneartikel für die Mama:

- Waschtasche mit Hygieneartikeln (bitte neutrale Duftnoten nutzen, das ist zu Beginn für Euer Kind besser, denn es möchte ausschließlich Mamas Geruch genießen)
- Stilleinlagen
- kleine Handtücher
- 1 Duschtuch
- 1–2 Waschlappen
- Eventuell Slipeinlagen (speziell für nach der Geburt)

Kleidung für Euer Kind:

- Mehrere Bodys (1x Größe 50/56 und 1x Größe 62/68)
- 2–3 Strampler
- 1 Hose
- 1 Pulli
- 1 Paar Söckchen
- 1 Mütze (je nach Wetterlage)
- 1 Schal (je nach Wetterlage)
- 1 Erstlingsmützchen
- 1 Jacke
- Spucktücher
- Babydecken für die Fahrt nach Hause

Hygieneartikel für Euer Kind:

- Feuchttücher
- Mehrere Schnuller
- Windeln (falls ihr das wollt, die Kliniken haben meist welche)

Kleidung für den Papa:

- Wechselbekleidung für mehrere Tage
- Bequeme Jogginghose
- Hausschuhe oder bequeme Turnschuhe
- Unterwäsche für mehrere Tage

Hygieneartikel für den Papa:

- Mehrere Handtücher/Duschtuch
- 1–2 Waschlappen
- Waschtasche (Shampoo, Duschgel, Zahnbürste, Rasierer, Deo usw.)

Der Mutterpass erklärt

Wer den Mutterpass in der Hand hält, wird sich fragen, was dort alles enthalten ist. Ich habe es Dir bereits kurz erklärt. Hier möchte ich nun jedoch einige Fachbegriffe erläutern.

Ein Mutterpass hat 16 Seiten. Auf jeder Seite sind verschiedene Informationen aufgelistet oder es gibt die Möglichkeit, dort welche zu hinterlegen.

Seite 1:

Angaben zum nächsten Untersuchungstermin.

Felder für Stempel der Klinik, des Arztes und der mitwirkenden Hebammen.

Seite 2:

Blutgruppenzugehörigkeit -> Hier werden Angaben zu Blutgruppe der Mutter und Rhesusfaktor gemacht.

Antikörpertest -> Dieser erklärt, ob das Blut der Mutter frei von Antikörpern ist. Die Ergebnisse finden sich in diesem Bereich wieder.

Rötelnimpfung -> Hier wird festgestellt, ob Deine Partnerin bereits eine Rötelnimpfung/Erkrankung hatte.

Seite 3:

Chlamydien-Infektion -> Durch einen Urintest kann diese nachgewiesen werden.

LSR-Test -> Test auf Syphilis.

Antikörpertest -> Nach dem Antikörpertest auf Seite 2 wird auf Seite 3 eine Wiederholung verzeichnet.

Nachweis HBs-Antigen -> Test auf Hepatitis B.

Seite 4:

Angaben zu vorherigen Schwangerschaften.

Seite 4b:

Hier lassen sich Besonderheiten zu den

Risikokatalogen auf Seite 5 und 6 aufzeichnen.
Angaben zu stationären Behandlungen in der Schwangerschaft.
Cardiotokographische Befunde -> Herzton und Frequenz des Kindes werden aufgezeichnet.

Seite 5:

Beinhaltet den Risikokatalog mit Angaben zu diesen Themen:

- Familiäre Belastungen (Bluthochdruck)
- Frühere eigene schwere Erkrankungen (Herz, zentrales Nervensystem)
- Thromboseneigung/ Blutgerinnungsstörungen
- Allergien
- Frühere Bluttransfusionen
- Soziale Belastungen
- Diabestes
- Kleinwuchs
- Frühere Fehlgeburten
- uvm.

Informationen zur Beratung der Schwangeren (Alkohol, Nahrung usw.)

Seite 6:

Beinhaltet die Auflistung besonderer Schwangerschaftsverläufe

- Harnwegsinfekte
- Terminunklarheit (Geburtstermin lässt sich nicht genauer berechnen)
- Blutungen in der Schwangerschaft
- uvm.

Terminbestimmung/Entbindungstermin

Seite 7:

Gravidogramm-Tabelle -> Ergebnisse der Vorsorgeuntersuchungen werden eingetragen.

Seite 8:
Gravidogramm-Tabelle -> Ergebnisse der Vorsorgeuntersuchungen werden eingetragen.
Seite 9:
Auflistung von Besonderheiten oder Klinikaufenthalten.
Seite 10:
Ultraschalltabelle -> Daten aus dem Ultraschall werden hier vermerkt.
Seite 11:
Ultraschalltabelle -> Daten aus dem Ultraschall werden hier vermerkt.
Seite 12:
Kommentare zur Ultraschalltabelle.
Seite 13:
Normkurve für das Wachstum des Kindes -> Hier wird verzeichnet, wie Euer Kind wächst.
Seite 14:
Aufzeichnung über weiterführende Ultraschalluntersuchungen oder andere Maßnahmen.
Seite 15:
Aufzeichnung zur Abschlussuntersuchung -> Angaben zur Geburt, der Schwangerschaft und dem Wochenbett.
Seite 16:
Angaben zum Wochenbett und dessen Verlauf.

Quellen

https://www.helios-gesundheit.de/magazin/geburt/news/bonding-baby/#:~:text=Nach%20der%20Geburt%20bietet%20sich,Herzschlag%20und%20ihre%20W%C3%A4rme%20wahrnimmt.

https://www.penaten.de/baby-schlafen

https://www.aok.de/pk/magazin/koerper-psyche/haut-und-allergie/windeldermatitis-das-hilft-gegen-einen-wunden-babypopo/#:~:text=Kamillenb%C3%A4der%20helfen%2C%20den%20Heilungsprozess%20zu,auf%20die%20entz%C3%BCndeten%20Bereiche%20auftragen.

https://www.homoeopathie-heute.de/aktuelles-archiv/2010/die-homoeopathische-begleitung-der-entbindung/

https://www.windeln.de/magazin/schwangerschaft/gesundheit/schwangerschaftsvergiftung-gestose.html

https://www.hallo-eltern.de/schwangerschaft/fruchtblase/

https://www.netmoms.de/magazin/schwangerschaft/geburtsverlauf/apgar-test-2/

https://www.lillydoo.com/de/magazin/dammriss-und-andere-geburtsverletzungen

https://www.milupa.de/baby/gesundheit-und-wohlbefinden/baby-verdauung/hat-mein-baby-eine-3-monats-kolik.html#:~:text=Vielen%20Babys%20hilft%20eine%20Bauchmassage,Anti%2DKolik%2DFl%C3%A4schchen%20zur%C3%BCckgreifen.

https://www.penaten.de/hebammensuche-finde-deine-perfekte-hebamme

https://www.gesundheit.gv.at/leben/eltern/geburt/geburtsablauf/saugglocke-zangengeburt.html

https://www.familienplanung.de/service/lexikon/kindspech/

https://www.familienplanung.de/schwangerschaft/geburt/geburtsverlauf/beobachtung-des-kindes/weiter-zu-s-2-die-ersten-lebensfunktionen-und-der-einfluss-der-geburt/#:~:text=Beim%20Durchtritt%20durch%20das%20m%C3%BCtterliche,Kind%20das%20erste%20Mal%20Luft.

https://www.gesundheit.gv.at/leben/eltern/geburt/geburtsablauf/geburtskomplikationen.html#:~:text=Zu%20den%20h%C3%A4ufigsten%20Komplikationen%20z%C3%A4hlen,sowie%20eine%20St%C3%B6rung%20der%20Wehent%C3%A4tigkeit.

htts://www.hipp.de/schwanger/schwangerschaftskalender/trimester2/#:~:text=Per%20Definition%20bezeichnet%20man%20die,zweite%20Schwangerschaftsdrittel%20nach%20der%2025.

https://www.windeln.de/magazin/schwangerschaft/geburt/sturzgeburt.html

https://www.pregfit.de/das-zweite-schwangerschaftstrimester/

https://www.windeln.de/magazin/schwangerschaft/schwangerschaftsmonate/das-zweite-trimester.html

https://www.netdoktor.de/schwangerschaft/schwangerschaftsdemenz/#:~:text=Steigt%20der%20Kortisolspiegel%2C%20nimmt%20 die,das%20Baby%20f%C3%BCr%20weiteren%20Schlafmangel.

https://www.netdoktor.de/schwangerschaft/sodbrennen-in-der-schwangerschaft/

https://www.dz-lh.de/schwangerschaftsdiabetes.html#:~:text=In%20den%20 meisten%20F%C3%A4llen%20tritt,Durst%20oder%20h%C3%A4ufiges%20 Wasserlassen%2C%20fehlen.

https://www.pampers.de/schwangerschaft/gesunde-schwangerschaft/artikel/ mutterb%C3%A4nder

https://www.netdoktor.de/schwangerschaft/fruchtwasseruntersuchung/#:~:text=Wann%20wird%20eine%20Fruchtwasseruntersuchung%20 empfohlen,der%20Schwangeren%20%C3%BCber%2035%20Jahre

https://www.windeln.de/magazin/schwangerschaft/pflege-vorsorge/die-fruchtwasseruntersuchung.html

https://www.msdmanuals.com/de-de/profi/gyn%C3%A4kologie-und-geburtshilfe/risikoschwangerschaft/risikofaktoren-f%C3%BCr-komplikationen-w%C3%A4hrend-der-schwangerschaft

https://www.hirslanden.ch/de/corporate/themen-im-fokus/hirslandenbaby/ schwangerschaft/schwangerschaftswochen/zweites-trimester.html

https://www.hipp.de/fileadmin/redakteure/HTML5-CONT/mutterpass/Mutterpass.html

https://www.pampers.de/schwangerschaft/geburt/artikel/kaeseschmiere

https://www.netdoktor.de/schwangerschaft/uebungswehen-und-senkwehen/

https://www.dak.de/dak/gesundheit/arten-der-geburt-wissenswertes-2073834. html#/

https://www.hipp.de/schwanger/ratgeber/geburt-eines-babys/#c43427

https://www.dm.de/tipps-und-trends/geburt/geburtsvorbereitung/vorbereitung-geburt-49364#:~:text=Sp%C3%A4testens%20in%20der%2036.,wenn%20 Sie%20eine%20Hausgeburt%20planen.

https://www.familie.de/schwangerschaft/geburt/entbindung-im-geburtshaus/

https://www.hipp.de/schwanger/ratgeber/wichtige-naehrstoffe/eisenmangel/#:~:text=%C3%9Cber%20die%20gesamte%20Schwangerschaft%20 werden,gesunden%20Versorgung%20der%20Mutter%20braucht.

https://www.hipp.de/schwanger/ratgeber/checklisten/erstausstattung-baby/#:~:text=Das%20Neugeborene%20ben%C3%B6tigt%20 nat%C3%BCrlich%20entsprechende,Geschenk%20zur%20Geburt%20 w%C3%BCnschen%20k%C3%B6nnen.

Geburt einleiten: Gründe und Methoden - NetDoktor.de

https://www.familie.de/schwangerschaft/bilderstrecke/wehen-foerdern/#page-16

Impressum

„Richard Rad“ wird vertreten durch:

Tomasz Matusiak
Schwarzwaldstraße Nr. 25
78136 Schonach
Lektorat und Korrektorat: Melanie Kipka
Coverdesign und Buchsatz: deincoverdesign.de

Printed in Poland
by Amazon Fulfillment
Poland Sp. z o.o., Wrocław

13237811R00076